6

イントロダクションシリーズ

Introduction to Social Welfare

児童や家庭に対する支援と児童・家庭福祉制度

成清美治・吉弘淳一 編著

学文社

執筆者

- ＊成清　美治　神戸親和女子大学（第1章）
- 　新川　泰弘　三重中京大学短期大学部（第2章）
- 　向井　通郎　九州保健福祉大学（第3章）
- 　上續　宏道　四天王寺大学（第4章）
- 　土永　典明　新潟青陵大学短期大学部（第4章）
- 　金　　　潔　岡山県立大学（第5章）
- ＊吉弘　淳一　福井県立大学（第6章）
- 　川下　維信　四天王寺大学（第7章）
- 　伊藤　秀樹　東海学院大学（第8章）
- 　竹澤　賢樹　福井県医療福祉専門学校（第9章）
- 　中　　典子　中国学園大学（第10章）

（執筆順：＊は編者）

はじめに

　日本における人口推計をみると，今後わが国は大規模な人口減少と超高齢社会となることが予想されている。その要因として，出生率水準が人口の大きさを安定的に維持するのに必要な出生率（人口置換水準出生率）2.07 よりもはるかに低い水準で低迷していることが挙げられる。2005 年の日本の合計特殊出生率は 1.26 人，2006 年では，1.32 人で少し上昇はしたものの，前回 2002 年の推計値 1.39 を下回った。以後，やや上昇するものの，あまり急激な変化は期待できないとされている。今後の日本を背負っていく子どもたちを一人の人間としてどのように育てていくのか周りのおとなが意識をもって取り組む姿勢が重要であると考えられる。また，それ以上に，社会全体が子どもの健全育成に対してどのように取り組むことができるのかが重要である。

　このような状況の中，児童福祉法の改正等により，措置制度から保護者のニーズに沿った保育サービスの提供が求められ，2003（平成 15）年 7 月，「次世代育成支援対策推進法」が成立した。この法律は，家庭，地域社会等での「子育て機能の再生」を機能実現するために，保護者が子どもを育てる意義についてより深く理解していくことを前提とした法律である。また，女性に労働力の効率的な活用が希求される一方，結婚・子育て世代の若者たちが家庭と仕事の両立を目指す社会の実現が重要となってきている。児童福祉から児童家庭福祉への大きな流れが感じられる。

　政府はこの春『「子どもと家族を応援する日本」重点戦略検討会議』を立ち上げ，従来の少子化対策から一歩進め，「暮らしと働き方の調和」を重視した施策の再構築を始めつつある。仕事を含めた生活環境の見直しと，子どもを安心して産み育てる環境づくりとのバランスをどのようにとっていけばよいのかを検討することになっている。子ども自身が権利を行使することができる主体者として「子どもの最善の利益」をどのように守るのか一人ひとりに課せられた課題であろう。その中，平成 20 年各大学において社会福祉士養成に関する新カリキュラムが編成され，「児童や家庭に対する支援と児童・家庭福祉制度」として再構成された。

　そこで本書は，子どもを通して家族，地域までも含めた施策，サービスをどのように活用していけばよいのかを実践的にとらえながら，基本的で重要と思われる事柄を挙げて現代の児童福祉をわかりやすく説明している。特に，社会福祉士を目指している現場の職員，学生をはじめ，専門資格の取得に役立てていただけるものと執筆者一同願っている。最後に今回の出版に対して，ご賛同・ご助力をいただいた学文社代表田中千津子氏に感謝する次第である。

2011 年 2 月

執筆者を代表して
成清美治
吉弘淳一

目　次

はじめに‥‥ i

第1章　児童・家庭福祉の理念と概念 —————————————————— 1

1　児童・家庭福祉の理念‥‥‥‥‥‥‥‥‥‥‥‥‥‥‥‥‥‥‥‥‥‥‥‥‥‥‥‥‥‥ 2
　（1）児童・家庭福祉とは　2／（2）児童福祉理念の系譜　2／（3）わが国の児童福祉の展開　3／（4）欧米の児童福祉の展開　5
2　児童の定義と概念‥‥‥‥‥‥‥‥‥‥‥‥‥‥‥‥‥‥‥‥‥‥‥‥‥‥‥‥‥‥‥‥ 7
　（1）児童の定義　7／（2）児童の概念　8
3　児童・家庭福祉の意義と役割‥‥‥‥‥‥‥‥‥‥‥‥‥‥‥‥‥‥‥‥‥‥‥‥‥‥‥ 10
　（1）児童と家庭　10／（2）児童と地域社会　10／（3）児童・家庭福祉の意義と役割－次世代育成支援対策　11
4　児童の権利保障‥‥‥‥‥‥‥‥‥‥‥‥‥‥‥‥‥‥‥‥‥‥‥‥‥‥‥‥‥‥‥‥‥ 14
　（1）児童の権利侵害の現状と対策　14／（2）児童の権利育成のあゆみ　15／（3）児童虐待　16

第2章　児童・家庭の生活実態とこれを取り巻く社会情勢・福祉需要 —————— 21

1　少子化の進行と児童・家庭福祉‥‥‥‥‥‥‥‥‥‥‥‥‥‥‥‥‥‥‥‥‥‥‥‥‥‥ 22
2　児童虐待と家庭・児童福祉‥‥‥‥‥‥‥‥‥‥‥‥‥‥‥‥‥‥‥‥‥‥‥‥‥‥‥‥ 27
　（1）児童虐待の定義と法改正　27／（2）子どものマルトリートメント　29／（3）子どものマルトリートメントへの相談援助事例　30
3　少年犯罪と家庭・児童福祉‥‥‥‥‥‥‥‥‥‥‥‥‥‥‥‥‥‥‥‥‥‥‥‥‥‥‥‥ 31
4　家庭における育児機能の低下と地域における子育て支援‥‥‥‥‥‥‥‥‥‥‥‥‥‥‥ 32
5　地域における子育て支援・青少年の育成‥‥‥‥‥‥‥‥‥‥‥‥‥‥‥‥‥‥‥‥‥‥ 34
　（1）地域子育て支援拠点事業　34／（2）子ども・若者ビジョン　34

第3章　児童・家庭福祉制度の発展過程 ———————————————— 39

1　要保護児童・非行児童の保護活動‥‥‥‥‥‥‥‥‥‥‥‥‥‥‥‥‥‥‥‥‥‥‥‥‥ 40
　（1）要保護児童の保護活動　40／（2）非行児童の保護活動　43
2　障害児・情緒障害児・母子家庭対策‥‥‥‥‥‥‥‥‥‥‥‥‥‥‥‥‥‥‥‥‥‥‥‥ 44
　（1）障害児への福祉的対応　44／（2）情緒障害児への対応　46／（3）母子家庭対策　47
3　児童の健全育成活動・母子保健施策‥‥‥‥‥‥‥‥‥‥‥‥‥‥‥‥‥‥‥‥‥‥‥‥ 48
　（1）児童の健全育成活動の意義　48／（2）母子保健　49
4　最近の児童・家庭福祉対策の動向‥‥‥‥‥‥‥‥‥‥‥‥‥‥‥‥‥‥‥‥‥‥‥‥‥ 51
　（1）子育て支援策　51／（2）児童手当と子ども手当　52／（3）高校授業料無償化　53

第4章　児童・家庭福祉に関する法制度 ———————————————— 55

1　児童・家庭福祉のための法体系‥‥‥‥‥‥‥‥‥‥‥‥‥‥‥‥‥‥‥‥‥‥‥‥‥‥ 56
　（1）児童福祉の法体系　56／（2）児童福祉法　56／（3）その他の児童福祉を支える法律　56／（4）その他の関連法　58
2　児童・家庭福祉のための実施体制‥‥‥‥‥‥‥‥‥‥‥‥‥‥‥‥‥‥‥‥‥‥‥‥‥ 60
　（1）行政機関と関連機関　60／（2）児童福祉施設　62／（3）子ども家庭福祉の専門職

63
　3　児童・家庭福祉のための財政体制・・ 63
　　（1）児童保護措置費負担金　63／（2）児童福祉事業対策費等補助金　64
　4　児童・家庭福祉サービスの最近の動向・・ 64
　　（1）子ども手当制度の内容　64／（2）児童養護施設に入所している子ども　65

第5章　児童福祉法と児童福祉サービス ──────────────── 67
　1　児童福祉法・・・ 68
　　（1）法制定の経緯と趣旨　68／（2）法の概要　68／（3）法の改正　69
　2　児童福祉施設・・ 71
　　（1）児童福祉施設の種類　71／（2）児童福祉施設の設置と運営　73
　3　里親制度・・・ 74
　　（1）里親制度とは　74／（2）里親の種類　75
　4　児童福祉施策に係る財源・・ 77
　　（1）財　源　77／（2）国保補助金等　78／（3）児童保護費等負担金　79／（4）保育所
　　運営費負担金　79／（5）障害児施設給付金　79
　5　児童福祉サービスの最近の動向・・ 80

第6章　児童福祉に関連する諸法律 ──────────────── 85
　1　児童虐待等に関する法律・・ 86
　　（1）児童虐待の定義　86／（2）児童虐待の現状　86
　2　児童虐待防止法の改正・・ 88
　　（1）児童虐待防止法改正の背景　88／（2）児童虐待に関連する法律の改正の主な内容　88
　3　児童虐待に対する諸施策と課題・・ 91
　4　配偶者からの暴力の防止および被害者の保護に関する法律・・・・・・・・・・・・・・・・・・・・・・・・・・・・・・・・ 92
　5　母子及び寡婦福祉法・・ 93
　　（1）母子及び寡婦福祉法の一部改正（2003（平成15）年に改正施行）　94
　6　母子保健法・・ 95
　　（1）母子保健サービスについて　96
　7　児童手当法・児童扶養手当法・特別児童扶養等の支給に関する法律・・・・・・・・・・・・・・・・・・・・・・ 98
　　（1）児童手当法　98／（2）児童扶養手当法　99／（3）特別児童扶養手当等の支給に関する
　　法律　99
　8　次世代育成支援対策推進法・少子化社会対策基本法・・・・・・・・・・・・・・・・・・・・・・・・・・・・・・・・・・・・・・ 100
　　（1）次世代育成支援対策推進法　101／（2）少子化社会対策基本法　101
　9　売春防止法・・・ 102

第7章　児童・家庭福祉制度における組織および団体の役割と実際 ───── 105
　1　市町村・都道府県・国の役割・・・ 106
　　（1）国・地方公共団体の責務　106／（2）市町村の役割と実際　106／（3）都道府県の役割
　　と実際　109／（4）国の役割と実際　111
　2　家庭裁判所の役割・・・ 114
　　（1）児童・家庭福祉における家庭裁判所の役割　114／（2）実際の手続き　114／（3）家庭
　　裁判所調査官の役割　116
　3　保育所の児童・家庭支援の役割・・・ 117
　　（1）保育所の役割　117／（2）保育所の役割の拡大　117
　4　児童・家庭福祉制度における公私の役割関係・・ 118

第8章　児童・家庭福祉制度における専門職の役割と実際 ―― 121

 1　保育士の役割 ･･ 122
  （1）保育士とは　122／（2）保育士の業務　122／（3）保育士資格の取得方法　123／（4）保育士の課題　123
 2　家庭支援専門相談員の役割 ･･ 123
  （1）家庭支援専門相談員とは　123／（2）家庭支援専門相談員の業務と課題　124
 3　教師の役割 ･･ 125
  （1）幼稚園の教諭　125／（2）小・中・高等学校の教諭　125／（3）学校と福祉専門職との連携　126
 4　医師・保健師の役割 ･･ 127
 5　理学療法士・作業療法士と言語聴覚士の役割 ････････････････････････････････ 128
  （1）理学療法士・作業療法士　128／（2）言語聴覚士　128
 6　その他 ･･･ 128
  （1）児童委員　128／（2）主任児童委員　129

第9章　児童・家庭福祉制度における多職種、ネットワーキングと実際 ―― 131

 1　医療関係者との連携 ･･ 132
  （1）関係機関について　133／（2）連携の実際　133／（3）連携の方法　135
 2　教育関係者との連携 ･･ 135
  （1）教員、特別支援教育コーディネーター，スクールソーシャルワーカーなど　135／（2）連携の実際　136／（3）連携の方法　140
 3　労働施策関係者との連携 ･･ 141
  （1）就業支援機関　141／（2）連携の実際　141

第10章　児童相談所の役割と実際 ―― 143

 1　児童相談所の設立の意義と目的 ･･ 144
  （1）意　義　144／（2）目　的　144
 2　児童相談所と市町村の組織体系 ･･ 145
 3　児童相談所と市町村の連携 ･･･ 146
 4　児童相談所の活動の実際 ･･ 148
  （1）相談の受付　148／（2）相談支援活動の展開　148／（3）相談の種類とその対応　148

索　引 ―― 153

第 1 章

児童・家庭福祉の理念と概念

第1章 児童・家庭福祉の理念と概念

1 児童・家庭福祉の理念

（1）児童・家庭福祉とは

現在、児童の福祉に関する表現は、児童福祉が一般的であるが、近年、児童家庭福祉あるいは子ども家庭福祉という表現がみられる。これは、「児童の権利に関する条約」（Convention on the Rights of the Child, 1989）や「国際家族年」（International Year of the Family, 1994）の影響を受けて使用するようになったもので、これまでの保護的福祉観を転換させた主体性の福祉観といえるもので、利用者や住民の主体的意志を尊重した福祉観であるといえる[1]。

図表1－1は高橋重宏が、「児童福祉」（ウェルフェア）と「子ども家庭福祉」（ウェルビーイング）の理念とその特徴を示したものである。前者の理念を児童の保護（問題が発生してから動き出す）、後者の理念をすべての児童と保護者の自立支援（自己実現）、エンパワーメント、ノーマライゼーションと規定している。

> **ウェルフェア**
> 「福祉」と訳す。Wellとfareが合体した用語であり、wellは快い、満足な状況を表し、fareは状態、暮らすことを表す。権利保障、自己実現を追求するといったものではなく、日常生活において「快い満足な暮らし」「幸福」「安寧」を意味する概念である。ウェルビーイングと対比して用いられる場合、救貧的・慈恵的・恩恵的な思想を背景としている。社会的に弱い立場にある人びとへの制度や援助観をさす文脈で使用されることがある。Social welfare（ソーシャルウェルフェア）は社会福祉と訳す。

> **ウェルビーイング**
> 1946年、世界保健機関（WHO）草案における「健康」の定義のなかで「社会的に良好な状態：well-being」と初めて登場。1994年の国際家族年においては、「個人のウェルビーイングを高めるための家族のあり方を考え、家族生活を促進することを目的としている」とある。近年の社会福祉分野（ソーシャルウェルビーイング）においては、個人の権利を保障し、自己実現をめざし、理想的な目標として掲げる福祉を意味するソーシャルワークの理念に基づく事業や活動達成された状態をいう。生活の質（QOL）の豊かさを示す概念でもあり、ウェルフェアより充実した用語である。

図表1－1 伝統的な「児童福祉」と新たな「子ども家庭福祉」の理念と性格・特徴

項　目		児童福祉	子ども家庭福祉
理　念		ウェルフェア	ウェルビーイング（人権の尊重・自己実現） 子どもの最善の利益 自己見解表明権
		児童の保護	自立支援 エンパワメント ノーマライゼーション
性格・特徴		救貧的・慈恵的・恩恵的 （最低生活保障）	権利保障（市民権の保障）
		補完的・代替的	補完的・代替的 支援的・協働的（パートナー）
		事後処理的	事後処理的 予防・促進・啓発・教育 （重度化・深刻化を防ぐ）
		行政処分・措置	行政処分・措置（個人の権利保障を担保） 利用契約
		施設入所中心	施設入所・通所・在宅サービスとのコンビネーション ケースマネージメントの導入 セーフティ・ネットワーク（安全網）

資料）高橋重宏「ウェルフェアからウェルビーイングへ」高橋重宏編『子ども家庭福祉論』放送大学教育振興会、1998年、p.13を修正
出所）仲村優一ほか監修『エンクロペディア社会福祉学』中央法規、2007年、p.926

（2）児童福祉理念の系譜

まず、ルソー（Rousseau, J. J.）を挙げることができる。彼は、18世紀後半のフランスの社会思想家で啓蒙思想の代表的人物である。教育に関する著書『エミール』（Emile ou de l'education, 1761）において、教育をうけることが人間としての権利であり、現存する秩序に適応する教育を否定し、すべての教育は自然による教育によって導かれなければならないとした。彼の教育思想は、ペスタロッチ（Pestalozzi, J. H.）、フレーベル（Fröbel, Friedrich）等の当時の教育改

革者に影響を与えた。

　その一人であるペスタロッチは，スイスの教育者で青年時代にルソーの自然の教育の影響をうけた。彼の教育の目的は，人間の生まれながらの人間性である，頭（精神的能力）と胸（道徳的能力）と手（身体的能力）を調和的に発達させることであるとした。彼は教育における労働の重要性を主張し，教育の場として，信仰深い農民の家庭と母の愛を強調した。主著として『隠者の夕暮れ』（*Abendstunde eines Einsiedlers*, 1780），『ゲルトルートはいかにその子を教えるか』（*Wie Gertrud ihre Kinder lehrt*, 1801）等がある。彼の児童観，教育論は，各国に影響を与えた。

　幼稚園の創設者として有名なドイツのフレーベルは，ペスタロッチに師事したのち1816年にグリーンハイムに学校を開設した。そして1837年に幼児教育施設（のちの幼稚園）を創設した。彼の思想の特徴は，幼児に内在する神性（こころ）をどのようにして成長発達させるかに傾注し，幼児教育に一生を捧げた。すなわち，子どもの本質を神的なものとして捉え，この児童観に基づいて彼の幼児教育が遊戯および作業を通じて展開されるのである。なお，主著は，『人間の教育』（*Die Menschenerziehung*, 1826）である。

　また，主著『児童の世紀』（*Barnets Arhundrade*, 1900）の中で，「20世紀は児童の世紀」と名付けたスウェーデンの教育学者で女性問題研究家であるケイ（Key, Ellen）は，子どもは両親の自由な結婚生活の中で，母親によって育てられるべきであるとした。そのために母親をよき教育者として教育・訓練すべきであると述べている。彼女の児童観の特徴は，子どもは愛情ある夫婦のもとで，生まれ育たなければならないと考え，児童中心主義（＝家庭中心主義）を展開し，当時の不自由で保守的な押しつけ教育を批判した。彼女の児童観は，ルソーの考え方を継承し，発展させたものであり，教育を通じて子どもの権利が保障されるのを希望するものであった。このように，多くの思想家による児童に関する思想は，わが国はじめ多くの諸外国の児童福祉の理念の構築に影響を与えたのである。

（3）わが国の児童福祉の展開

　わが国の児童福祉が体系化されたのは，第2次世界大戦後である。戦災孤児・浮浪児・引き上げ孤児等の救済を行うため児童に関する基本法である「児童福祉法」が成立したのである。これによって，国民と国及び地方自治体の児童に対する育成の努力と責任が明記された。すべての児童の健全育成と生活の保障，愛護を目的として成立した，「児童福祉法」（1947）の第1条第1項には「すべて国民は，児童が心身ともに健やかに生まれ，且つ，育成されるよう努めなければならない」とある。また，第2項において，「すべての児童は，ひとしくその生活を保障され，愛護されなければならない」とあり，児童の育成

ケイ，E.
(Key, Ellen; 1849–1926)

　スウェーデンの女性教育学者であり，女性問題研究家，児童運動家である。主著『児童の世紀』（1900）の中での「20世紀は児童の世紀」という主張は，広く世界の人びとに知られた。彼女の考えの特徴は，子どもは，両親の自由な結婚生活の中で母親に育てられるべきである。そのためには，母親を良き教育者として教育・訓練する必要がある。女性の本分は家庭と育児にあるとしたこの考え方は近代社会にあって，時代を逆行しているかのように考えられるが，子どもは一切の抑圧や干渉から解放して最良の環境で育てられるべきであると徹底した児童中心主義を唱えた。

に関する国民の義務と児童の権利を謳っている。そして，児童福祉法の理念を国民が再認識することを目的として，「児童憲章」(1951)が制定された。その前文の理念は，①児童は，人として尊ばれる。②児童は，社会の一員として重んぜられる。③児童は，よい環境の中で育てられる，となっている。そして，「児童扶養手当法」(1961)，「母子保健法」(1965)，「児童手当法」(1971)，「特別児童扶養手当等の支給に関する法律」(1973)と次つぎと児童に関する法律が制定された。

児童福祉法は，その後，改正を重ねたが，1997年には少子化の進行，共働き家庭の増大，地域・家庭環境の変化の中で，「児童福祉法等の一部を改正する法律」が公布された。

この法律は，翌年の4月1日から施行されたが，戦後最大の児童福祉法の改正といわれた。その理由は，①保育サービスの選択制の導入（保育所入所を「措置」から「利用選択」へと移行），②要保護児童（児童虐待等）の発見の通告が社会福祉関係者，保健医療関係者，社会教育関係者，警察関係者，弁護士等の他，国民一般に課せられる，③虚弱児施設と養護施設は，統合して児童養護施設とする，④母子寮を母子生活支援施設，教護院を児童自立支援施設に名称変更，⑤市町村，社会福祉法人は放課後児童健全育成事業を行うことができる，⑥要保護児童に対する指導及び児童相談所等の連絡調整等を目的とする児童福祉施設として，児童家庭支援センターを設ける等であり，その趣旨は少子化の進行，夫婦共働きの一般化，家庭や地域の子育て機能の低下及び家庭環境の変化に対応するためである。これは，従来の児童福祉から児童・家庭福祉への変化であり，新しい時代にふさわしい質の高い子育て支援の制度として再構築を図るものである。

そして，社会福祉基礎構造改革のもとで，その後幾度か児童福祉法の改正が行われ，児童福祉の実施体制の改革，地域における子育て支援の強化，次世代育成支援推進対策の推進，児童虐待防止対策等が遂行された。わが国では，児童虐待の早期発見，早期対処を行うため「児童虐待の防止等に関する法律」(2000)が制定された。2010年度より，子育てを社会が担うという理念のもと，民主党政権は，全ての児童（中学生以下）に所得制限なしで，「子ども手当」（同年度は半額の13,000円）の支給を行うことにした。年齢別児童・家庭福祉施策の全体的概況は，図表1－2の通りである。

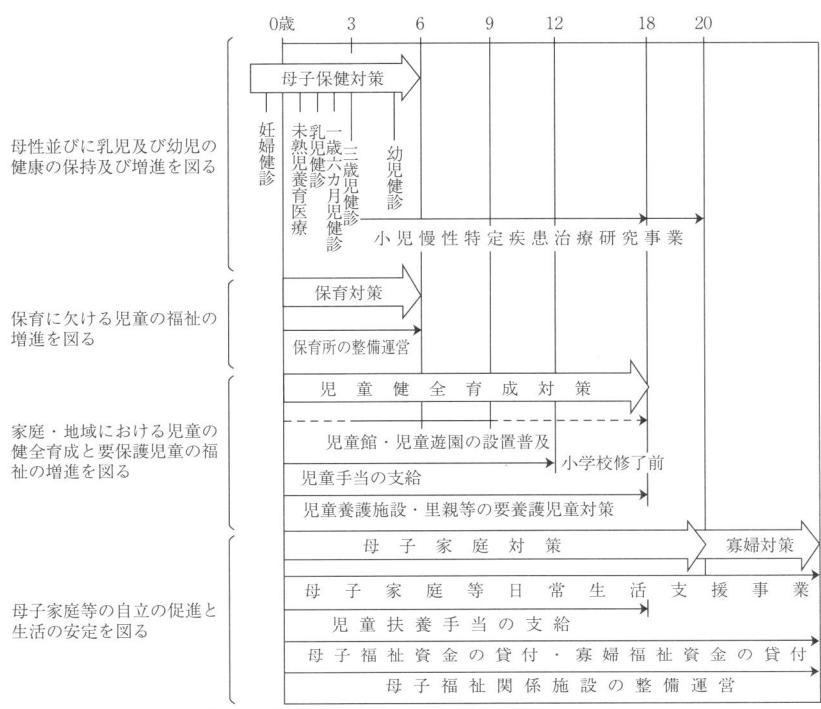

図表1-2　年齢別児童・家庭福祉施策の一覧

母性並びに乳児及び幼児の健康の保持及び増進を図る	妊婦健診／未熟児養育医療／乳児健診／一歳六カ月児健診／三歳児健診／幼児健診／母子保健対策／小児慢性特定疾患治療研究事業
保育に欠ける児童の福祉の増進を図る	保育対策／保育所の整備運営
家庭・地域における児童の健全育成と要保護児童の福祉の増進を図る	児童健全育成対策／児童館・児童遊園の設置普及／児童手当の支給（小学校修了前）／児童養護施設・里親等の要養護児童対策
母子家庭等の自立の促進と生活の安定を図る	母子家庭対策／寡婦対策／母子家庭等日常生活支援事業／児童扶養手当の支給／母子福祉資金の貸付・寡婦福祉資金の貸付／母子福祉関係施設の整備運営

出所）厚生統計協会編『国民の福祉の動向（2009）』厚生統計協会, p.79

（4）欧米の児童福祉の展開

　欧米において，児童福祉の問題が世界で本格的に論議された場は，アメリカの第26代大統領ルーズベルト（Roosevelt, Theodore）のもとで開催された第1回ホワイトハウス会議（白亜館会議，1909）であった。要保護児童問題を論じたこの会議の中で，「家庭は文明の最高の創造物である。したがって緊急止む得ない事情のない限り子どもを家庭から切り離してはならない」とする宣言がなされた。この宣言が20世紀の児童問題の基本的テーマとなり，児童問題が多方面で論じられることとなった。

　第1次世界大戦による児童惨禍を反省して，国際連盟は「児童の権利に関するジュネーブ宣言」（Declaration of the Rights of the Child, 1924）（以降，ジュネーブ宣言）を採択した。この宣言の中で「人類は児童に対して最善のものを与える義務がある」とし，最初の児童の権利を認めた。ただし，児童の権利は付与され，児童自らの権利意識の主体者とはなり得なかった。また，アメリカの第31代大統領フーバー（Hoover, Herbert）は，第3回ホワイトハウス会議において先駆的児童憲章である「アメリカ児童憲章」（Children's Charter, 1930）を採択し，各国の児童憲章成立に影響を与えることとなった。

　こうして第1次世界大戦後，児童に関する宣言や憲章が成立することになり，児童・家庭福祉における理念が構築されていった。

白亜館会議

　ホワイトハウス会議とも称されルーズベルト大統領（Roosevelt, T.）の招集によって「要救護児童の保護に関する会議」として，1909年に第1回の会議が開かれた。そこで，「児童は緊急やむをえない限りは家庭から引き離してはならない」という原則が確認された。第2回は1919年で，このときに今後10年に1回の開催が決定され，1930年の第3回会議では，児童の保健・保護に関する社会責任が強調され「アメリカ児童憲章」が採択された。

しかし，人間の愚かさは再び戦争を引き起こす結果となった。それが，多くの尊い人命と財産を奪った第2次世界大戦であった。こうした惨禍を二度と繰り返さないことを誓った第3回国連総会にて，法の下における人権の保護を謳った「世界人権宣言」(Universal Declaration of Human Rights, 1948) が採択された。つづいて，ジュネーブ宣言の理念を発展継承させた「児童の権利に関する宣言」(Declaration of the Rights of the Child, 1959) が採択された。この宣言は，世界人権宣言による児童に関する規定が具体化されたものとなっている。全体は10条からなり，児童に対する権利が明記されており，戦後の児童の基本的人権を認め，両親，篤志団体，地方行政機関および政府に対して児童の権利（1～10条）を守る努力義務が規定してある。

一方，わが国でも同じく第2次世界大戦後，前述（3）のような児童福祉に関連する諸法が整えられた。

各国が，締結することにより児童の権利の実効性を可能とする条約（国家間の合意に基づく，法的拘束をもつものである）の形をとったのが，ポーランドの提案による「児童の権利に関する条約」(Convention of the Rights of the Child, 1989採択，1990発効) であった。わが国も1994年3月30日に国会で批准し，5月22日に効力が生じることとなった。

この条約は，全文と54の条文からなっている。その前文は要約すると，世界人権宣言，ジュネーブ宣言，国際人権規約，児童権利宣言等の精神を前提とし，①すべての人の固有の尊厳及び平等のかつ奪えない権利を認めること，②基本的人権並びに人間の尊厳及び価値を確認すること，③人種，皮膚の色，性，言語，宗教，政治的意見，出生又は他の地位等によるいかなる差別もないこと，④家族の責任，⑤幸せな家庭環境の下で成長すること，⑥児童は平和，尊厳，寛容，自由，平等，連帯の精神に従って育てられるべきこと，⑦児童は，身体的及び精神的に未熟であるため，出生の前後において，特別な保護及び世話を必要とすること，⑧きわめて困難な条件で生活している児童が世界のすべての国に存在していることを認めること，⑨児童の保護及び調和のとれた発達のため各人民の伝統及び文化的価値が有する重要性を考慮すること，⑩開発途上国における児童の生活を改善するため国際協力が重要であることを認めること等が明記してある。

そして，1990年には「児童の権利に関する条約」の成立を受けて，同年国連にて「子どものための世界サミット」が開催された。このサミットにおいて「子どもの生存，保護，発達に関する世界宣言」(World Declaration on the Survival, Protection and Development of Children) が採択された。そして，2000年までに達成すべき目標が27つ掲げられた。特に以下の7つが取り上げられた。それは，①5歳未満の子どもの死亡率の減少の推進，②妊産婦死亡率の減少，③5歳未満の栄養不良児数を1990年の半分まで減らす，④すべての人

が安全な水と衛生施設を使用できるようにする，⑤すべての子どもが小学校に進学でき，そのうち80％が卒業できるようにする，⑥おとなの非識字率を減らし，男女共に平等に教育が受けられるようにする，⑦厳しい暮らしの子どもを守り，特に戦争に巻き込まれた子どもを保護する等である。

そして，2002年に「子どものための世界サミット」の目標の達成と評価と今後の新たな取り組みを討議するため「国連子ども特別総会」（United Nations Special Session on Children）が開催された。また，前述したように児童福祉に関する基本的法律である「児童福祉法」の改正も社会的状況に対応するため幾度も行われた。

ここで児童福祉の展開を整理すると，アメリカの「ホワイトハウス会議」の開催，つづいて，第1次世界大戦後，国際連盟によって採択された「ジュネーブ宣言」と「世界人権宣言」の理念を踏まえて，「児童の権利に関する宣言」が国際連合によって採択され，児童の権利と自由，人類の責任を明確にした。そして国連は，世界に対する児童の教育と福祉を啓発する目的で，1979年を国際児童年とした。このように，児童・家庭福祉の理念は時代と共に発展してきたのであるが，今日の児童・家庭福祉の理念は国・人種・宗教・性別を超越したグローバルな観点に立つ自立支援を目的とし，エンパワメント並びにノーマライゼーション思想に基づくものでなければならないのである。

> **ジュネーブ宣言（ジェネバ宣言）**
> 1924年に国際連盟会議において採択されたもので「児童の権利に関する宣言」のことである。第1次世界大戦のもたらした児童への悲惨な反省の上に，「児童が身体上ならびに精神上正常な発達を遂げるために必要なあらゆる手段が講ぜられなければならない」など5項目すべてを児童の権利として宣言した。それは，1959年11月20日の国際連合の児童の権利宣言に発展させられた。

2　児童の定義と概念

（1）児童の定義

児童の定義とは，一体どのような内容であろうか。わが国において，平安時代から江戸時代までの公家・武家の社会では，12〜16歳の男子は，子どもの髪型を改めおとなの髪を結い，氏神の前でおとなへの式（成人式）を行った。この儀式は，室町時代以降，民間にも広まり江戸時代には女性も元服の儀式（女子の場合，元服の年齢は18〜20歳である）が広まった。つまり，この儀式を終えると成人（おとな）とされ，身体的，精神的に未熟であっても，一人前の社会人（社会の一員）と見なされたのである。この元服式が行われたのは，平均寿命が50歳前後の時代であるが，現在のわが国の平均寿命が男性：79.19年，女性：85.99年（2007）。時代的に隔絶の感がある。当時の時代においては，基本的人権（人間が生まれながらに有している権利：自由権・平等権・社会権等）は存在しなかったのである。そこで，現代社会の国際的各条約，国内的各法律に照らし合わせて児童の定義を規定すると次のようになる。すなわち，「児童とは，身体的，精神的あるいは社会的に，未発達，未成熟で，親・社会の保護を必要とする状態にある，あるいは準ずる状態にある者で，基本的人権を有する18未満の未成年者である」とすることができる。

（2）児童の概念

児童の概念をエリクソン（Erikson, E. H.）の理論を展開しながら述べると，以下の通りである。

児童は成長・発達する中で，多様な発達課題を有しているのである。人間の人格発達過程を心理・社会的視点から考察したエリクソンは，全生涯にわたる自我（意志）の発達段階を8つに分類し，各段階に応じて人間が達成しなければならない発達課題があるとした。エリクソンが展開するライフサイクル8段階とは図表1－3の通り，①幼児期，②児童初期，③遊戯期，④学童期，⑤思春期，⑥成年前期，⑦成年期，⑧老年期となっている。

> **エリクソン，E. H.**
> （Erikson, Erik Homburger; 1902-1994）
> デンマーク系ドイツ人であり，フロイト（Freud, Sigmund）の理論などを基に独自の自我心理学を展開した精神分析学者である。彼はアンナ・フロイト（Freud, Anna）から児童精神分析を学び，その後，ハーバード大学，エール大学等で児童分析家として臨床，研究に従事した。主著は『幼児期と社会』（1950），『アイデンティティー青年と危機一』（1969）等である。

図表1－3　エリクソンのライフサイクル8段階

老年期							統合 対 絶望 英知
成年期						生殖性 対 自己投入 世話	
成年前期					親密性 対 孤独 愛		
思春期				アイデンティティ 対 混乱 忠誠			
学童期			勤勉性 対 劣等感 才能				
遊戯期		自発性 対 罪悪感 決意					
児童初期	自律 対 恥と疑惑 意志						
幼児期	基本的信頼 対 基本的不信 希望							

出所）E. H. エリクソン，J. M. エリクソン，H.Q. キヴニック『老年期』みすず書房，1990年，p.35

この中で，児童期にあたるのが，幼児期，児童初期，遊戯期，学童期，思春期である。各段階の特徴について述べると，次のようになる。

①幼児期は，出生直後から1歳頃を指すが，口唇活動（授乳によって飢えを満たすと共に母親の肌のぬくもりや優しい声かけ等が児童に安心感を与える）を通して母親の愛情により「希望」が育まれ，親子の基本的信頼関係を確立する。この口唇期は，人格形成において重要なポイントとなる。すなわち，

母親から適切な愛情や信頼関係を得ることができない場合，愛する人（母親）との関係において基本的不信関係，強いては将来，おとなや社会に対する不信感につながることも考えられる。

②児童初期は，口唇期後半から3〜4歳頃の子どもを指すが，この時期の特徴は自律性の確立にある。すなわち，この時期は排出と貯留の2つの時期が含まれるが，排出の喜びを感ずると同時に排出をコントロールすることによって自立（自律）性を獲得することとなり，「意志」の育成に繋がる。また，排出をコントロールできなかった場合，児童にあまり厳しい躾をすることは結果的に「恥と疑惑」の気持ちを子どもに持たせるので厳しすぎる躾は逆効果である。

③遊戯期では，児童は積極性の確立を学習するようになる。この時期は児童初期の終りから6〜7歳頃までを指し，その特徴は，子ども自らが描く空想に打ちひしがれたり，罪悪感に苛いなまれたり，また懲罰に妨げられたりしても自らが決めた目標に向かって物事を達成する「決意」の形成期である。すなわち，子どもが積極性を確立する時期である。

④学童期は，年齢的に5.6〜12.3歳頃で日常生活に必要な社会や文化の基本的な原則と技術を習得する時期である。そのために，児童は勤勉性を確立するが，その反面，失敗を危惧して劣等感を敏感に感じる時期でもある。この劣等感を克服するためには普段から技術の習得が必要となるが，訓練により次第に力をつけることが仕事を達成する器用さと知性を自由に操る「才能」が芽生えることになる。このことが，結果的に劣等感を克服することに繋がる。

児童期の最後にあたるのが，⑤思春期である。年齢的に12.3〜18歳頃までであるが，同期の特徴は，児童が自己同一性（アイデンティティ：identity）を獲得する時期である。しかし，この段階は，アイデンティティを確立するために常に心は揺れ動いており，混乱の状態にある。この状態を平常な状態，すなわち，アイデンティティを確立するための礎石（土台）が「忠誠」であるとエリクソンは指摘している。

その後，成年前期，成年期，老年期と続くことにより，全生涯にわたる人間の人格発達のプロセスが終了するが，大切なことはいかに発達段階に応じた学習を「適切」に学ぶかによって，個人の人格形成が異なってくるのである。児童は，両親・保護者から豊かな愛情と安心感を得ることにより健やかに育つことができる。しかし，すべての児童が同一同質の家庭環境を享受できるわけではなく，個々のケースによって家庭環境は自ずと異なってくるのである。また，児童の人格形成には家庭環境のみならず，学校や地域社会の環境の影響を考慮する必要がある。

3 児童・家庭福祉の意義と役割

(1) 児童と家庭

　近年離婚件数が増加傾向にある。この離婚が児童に精神的、経済的に影響を与えることは周知の通りであり、児童の生活権を奪うことにもなりかねない。このように離婚は、児童の生活環境を大きく変えるが、夫婦間の不和・葛藤に基づく離婚は健全な児童の人格の発達を阻害する要因になる。

　また、最近の傾向として核家族化が進展することにより祖父母等からの子育てや生活の知恵・知識の継承が困難となり、経済的困難も伴って、子育て不安から児童虐待（child abuse）に至るケースが年々増加傾向にある。虐待には、① 身体的虐待、② 養育の放棄（ネグレクト）、③ 性的虐待、④ 心理的虐待等があるが、これらは児童の生きる権利の侵害であり、児童の健全な成長発達を阻害することにもなる。この背景には、子育てに不適格（＝「未熟な親」）な親の存在があり、このことが育児無知から子どもを溺愛し、「愛玩化」することによって、依存心の強い、わがままな児童を育てることに繋がる。また、子どもを意のままにするため、挙句の果てには児童を虐待する行為に至る。

　児童虐待の早期発見・防止を目的として「児童虐待の防止等に関する法律」(2000) が成立した。しかし、同法施行以降も、児童虐待が頻繁に起こったので国及び地方自治体の責務の改正、警察署長に対する援助要請、児童虐待の通告義務の拡大等を織り込んだ、「児童虐待防止等に関する法律改正」(2004) が行われた。しかし、児童虐待の減少が見られないため、2007年に児童の権利権益の擁護に資すること等を明記した「児童虐待の防止等に関する法律及び児童福祉法の一部を改正する法律」が成立し、翌年から施行された。

　わが国の家族は、高度経済成長以降大きくその形態・機能が変化した。すなわち、家庭形態・機能の変容（たとえば、家族規模の縮小、家庭内人間関係の希薄化、家族機能の縮小化）がある。こうした家庭の変化が親の育児・子育て、児童の思考・行動パターンに影響を及ぼすことになる。

(2) 児童と地域社会

　地域社会は、児童にとって学びの空間であると同時に遊びの空間でもある。しかし、過密化した都市における効率・経済優先の街づくりは、生活機能を麻痺させ、児童から遊びや創造の空間を奪っている。一方、地方では、過疎化が進展しており、親和連帯による村落共同体が崩壊し、高齢者中心の生活が営まれている。この原因は、人間社会本来の共生と連帯を軽視した競争原理優先の社会となっているところにある。しかも、わが国は少子・高齢社会にある。わが国の高齢化率は20％を超えているが、逆に合計特殊出生率は、1.34 (2007)と低迷している。こうした事態は経済的視点に立った場合、労働力や生産性そ

児童虐待防止法

児童の虐待禁止やその防止に関して国や地方公共団体の責務と児童保護の措置等を定めることにより児童虐待防止の施策を促進することを目的として、2000（平成12）年5月に成立した法律で、正式名は「児童虐待の防止等に関する法律」である。同法によって、児童の虐待を身体的虐待、性的虐待、ネグレクト、心理的虐待と定義された。

同法成立以降も児童虐待件数は増加傾向にある。そこで、2004（平成16）年と2007（平成19）年の2度にわたって、同法は改正され、定義の拡大、通告義務の拡大、保護者に対する罰則の強化、保護者に対する面会・通信の制限等が導入された。

して，社会保障制度に影響を与え，生活者的視点に立った場合，地域社会の疲弊が進み親和連帯社会の存続が危ぶまれている。このことが児童に対する生活環境に影響を与えることは，容易に想像できるのである。

児童が安心・安全して地域社会の中で発達・成長するためには地域社会の再生が必要となる。そのためには，児童・家庭福祉施策である，① 母子保健対策，② 保育対策，③ 児童健全育成対策，④ 児童手当の支給年齢の延長，支給額の増額（2010年から実施される子ども手当はその一環である），⑤ 母子家庭対策，⑥ 母子家庭等日常生活支援事業，⑦ 児童扶養手当の増額，⑧ 母子福祉資金の貸付・寡婦福祉資金の貸付，⑨ 母子福祉関係施設の整備運営等福祉施策の充実と地域環境の整備（公園・歩道・自転車道），公的住宅の充実が必要となる。

(3) 児童・家庭福祉の意義と役割―次世代育成支援対策

児童にとって家族は，生まれてはじめて所属する共同体である。家族のあり方は，その後の児童の他者，他集団との関係性を規定するといっても過言ではない。ゆえに家族は，児童がすべての感情を全面的に依存できることが可能な集団でなければならない。さもなければ，信頼や愛情に満ちた母子関係の構築，家族からの自立が困難となる。しかしながら，現代社会においては，狭小住宅，いじめ，経済的不安定，介護ストレス，児童虐待，育児放棄，ドメスティック・バイオレンス（DV），機能不全家庭，育児ストレス，離婚等を原因とする家族崩壊が多数見られる。その結果，「子育て」「団欒」「隣人との関わり」等の家族機能が失われ，家庭機能不全となり，最悪の場合は，夫婦間の離婚問題に発展し，児童にとって，家庭崩壊という最悪の局面を迎えることになる。

この項では，児童の成長発達において重要な役割を担う児童・家庭福祉の意義と役割について検討することにする。

児童福祉法には，児童福祉の理念と児童育成の責任が明記されている。児童・家庭福祉は，公助（公的責任：国・地方自治体），共助（社会的責任：社会福祉法人，事業体，民間団体等）によって成立しているが，それに自助（私的責任：親・家族）が加わることによって児童の健全育成をトータルに達成することができる。

前述したように公的責任の理念として，児童福祉法が存在するが，同法の理念を具体化するための関連する法律として，児童手当法，児童虐待防止法，児童扶養手当法，母子及び寡婦福祉法，特別児童扶養手当法，母子保健法等がある。これらの法のもとで，今日の児童・家庭福祉政策が遂行されている。具体的には，① 次世代育成支援（少子化対策），② 子育て支援対策，② 要保護児童対策（児童の自立支援），③ 母子家庭等支援対策，④ 児童虐待防止対策，⑤ 父子家庭への支援，⑥ DV対策，を中心に展開されている。

なかでも，緊急課題である次世代育成支援対策は，児童・家庭福祉の中核と

なっている。

　具体的な施策の経緯は，厚生労働省が中心となって子育て支援を講じてきた。その最初の具体的計画が「今後の子育て支援のための施策の方向性について（エンゼルプラン）」(1994)であった。この計画は当時の文部省（現文部科学省），厚生省（現厚生労働省），労働省（現厚生労働省），建設省（現国土交通省）の各大臣の合意に基づくものであり，1999（平成7）年度から1999（平成11）年度までの5年間のプランで，その目的は子育て支援社会の構築にあった。このプランを実施するため保育所の量的な拡大や0歳児保育並びに地域子育てセンターの整備等を具体化する目的で「緊急保育対策5か年事業」(1999)が策定された。

　その後，少子化対策推進基本方針（1999）に基づいて，新たに2000（平成12）年度から2004（平成16）年度までの5年間のプランである「重点的に推進すべき少子化対策の具体的実施計画について（新エンゼルプラン）」が当時の大蔵省（現財務省），文部省（現文部科学省），厚生省（現厚生労働省），労働省（現厚生労働省），建設省（現国土交通省），自治省（現総務省）の各大臣の合意のもとで新たに策定された。この新しいエンゼルプランはこれまでの保育サービス関係だけではなく，雇用，相談，支援体制，住宅，母子保健，教育に至る総合的な実施計画であり，具体的数値目標が掲げられた。

　2002（平成19）年には，男性を含めた働き方の見直し，地域における子育て支援等が含まれた「少子化対策プラスワン」が策定された。そして，翌年の2003（平成15）年には少子化社会における施策の基本理念を明らかにした「少子化社会対策基本法」が制定された。そして，少子化対策を長期的な対策とするための施策の大綱を定めた「少子社会対策大綱」(2004)が閣議において決定された。

　このような施策が次世代育成支援対策として講じられてきたが，少子化の歯止めにはならなかった。

　こうした状況のもとで策定されたのが2005（平成17）年から2009（平成21）年までの5年間の施策と目標を掲げた「子ども・子育て応援プラン」(2004)である。このプランは，少子化社会対策大綱の4つの課題に沿っている。その4つの課題とは，①若者の自立とたくましい子どもの育ち，②仕事と家庭の両立支援と働き方の見直し，③生命の大切さ，家庭の役割等についての理解，④子育ての新たな支え合いと連帯等となっている。すなわち，このプランではこれまでの主として保育プラン中心となっていたのを若者の自立，たくましい子どもの育ち，男性の家庭での子どもと向き合う時間の確保，児童虐待の防止，子育てバリアフリーを取り入れた総合的な少子化対策となっている。

　同プランをさらに推進するため，保育所の待機児童ゼロ作戦として，「新待機児童ゼロ作戦」(2008)が策定された。具体的には，10年後の目標として保

育サービスの提供割合を現在の20％から38％に引き上げ，保育施策を質・量ともに充実することである。また同時に保育対策推進事業として，同年から「一時預かり事業」「休日・夜間保育事業」「病児・病後児保育事業」が開始された。

なお，地域の教育・保育のニーズに応えるため「就学前の子どもに関する教育，保育等の総合的な提供の推進に関する法律」（2006）が成立し，「認定こども園」が設置されている。

以上，これまでの次世代育成支援対策等の現状についてみてきたが，最後に次世代育成支援対策の課題を明記する。

① 国・地方自治体・住民の三位一体の取組みに関する課題：これまで，わが国の福祉サービスは，行政を中心に提供されてきた。しかし，今後は保育サービスを含めて，地域住民が国と，特に地方自治体との連携のもとで住民参加型の福祉サービスを構築する必要がある。

② 男性の育児・子育て姿勢に関する課題：日本の男性は欧米の男性に比較して，育児・家事に参加・協力する時間が極端に少ないといわれている（これは女性が専業主婦，兼業主婦に関わらず同じである）。その理由として，伝統的な男尊女卑思想のもとで男子が育つため，女子に対する「思いやり」や「配慮」の気持ちが子どもの時代から育成される機会に欠しく，逆に「横暴さ」が育成されることにもなる。このことが結婚しても家事・育児は女性の仕事という固定観念から抜け出ることを困難にしている（ただし，最近の諸調査では，育児に対する男性の意識に変化がみられるようになってきた）。

③ 児童手当の支給期間・支給制限の課題：児童手当の目的は児童を養育している家庭の生活安定と健全育成，資質の向上にある。しかし，ここ数年来のわが国における「格差社会」（ア．貯蓄残高ゼロ世帯の増加，イ．正規雇用者の減少，ウ．非正規雇用者の増加，エ．大企業と中小企業の一人当たり年間給与の差等による，所得間格差）が低所得者層の子育てを困難にしている。その意味で，児童手当の存在は重要であるが，欧米福祉先進国と比較した場合，支給期間は短く，支給金額は少ないという現状に加えて，わが国の場合，児童手当の支給に対して所得制限が設けられている。たとえば，子どもが2人いる場合の1ヵ月の支給額（2人分）は，ドイツの場合，40,000円（18歳未満まで支給で所得制限なし），スウェーデンの場合の支給額は，26,000円（16歳未満まで支給で所得制限なし），フランスは第2子より，2人分で32,000円（20歳まで支給で，所得制限なし）（資料：人口問題審議会「少子化に関する諸外国の取り組みについて」1999，『社会保障入門（2009）』中央法規，pp.70-71）に対して，日本は3歳未満一律1万円，第1子・第2子5,000円，第3子以降1万円支給（所得制限あり）となっており，支給期間，所得制限に関する差は歴然としている（2010年度より，所得制限なしの子ども手当が支給される）。

④ 女性の就労形態：日本の女性の就労の特徴は，結婚・出産後，子どもがある程度の年齢に至るまで家庭に入る傾向がある。すなわち，日本の女性の就労形態は「M字型就労」となっている。これは，わが国の場合，子育て環境が不十分なため，本人は子育てと就労の両立を望んでいても結果として，女性を取り囲む就労環境が整備されていないため就労と育児・子育てを諦めざるを得ない。このように労働市場から一時期にしろ，女性が家庭に入るのは，将来，わが国の労働力不足がいわれる中，量・質の両面から，マイナスである。

⑤ 育児休業制度の課題：わが国において，育児休業を定めた法律は「育児休業，介護休業等育児又は家族介護を行う労働者の福祉に関する法律」である。これによって，休暇中の所得保障と本人負担の社会保険料の納付が免除される。また，この法律は男女共に取得できるが，その取得者は圧倒的に女性となっている。この理由として，男女の賃金格差と社会の偏見を挙げることができる。また，取得者の絶対数が少ないため一般化・普遍化には程遠い現状にある。また，欧米福祉先進諸国の同制度と比較してみると，育児期間，手当ともに見劣りがする。

以上，児童・家庭福祉の役割と意義について，わが国の少子化対策を中心に展開してきたが，この問題は将来のわが国の経済力，労働力人口問題，若年者の雇用の促進，児童手当の増額，育児休業取得の拡大，地域子育て支援（仕事と子育て支援）等と児童・家庭福祉の枠を超えた経済・社会保障全般の問題となっている。児童・家庭福祉の役割は，児童の健全な発達の保障にあり，児童の生活と発達の過程において生じる生活上の問題（教育，疾病，障害，非行等）に働きかけ，児童の健全な育成を保障するための施策である。すなわち，少子化対策の促進は，結果的に児童の健全なる育成・発達を保障することになる。

4　児童の権利保障

（1）児童の権利侵害の現状と対策

今日，家庭・学校・社会等多くの場面において，児童の人権（human right）が侵害されている。たとえば，家庭内での児童虐待，学校でのいじめ，家庭と学校の往路での誘拐・略奪，公園や高層住宅の死角での粗暴犯による暴力行為，陰湿な性犯罪・いたずら，インターネットにおける児童ポルノ画の掲載等である。また，海外に目を向けると，児童労働，児童買春，児童兵，麻薬，HIV／エイズ，ストリート・チルドレン等，児童の基本的人権を侵害する事態が起こっている。

事件・事態の多くは，児童の生きる権利・人権を踏みにじるものであるが，これらの惨事を防止するために国内的には「児童買春，児童ポルノに係る行為

等の処罰及び児童保護等に関する法律」(1999),「児童虐待の防止等に関する法律」(2000),「配偶者からの暴力の防止及び被害者の保護に関する法律（DV防止法)」(2001),「次世代育成支援対策推進法」(2003) 等が成立した。また,国外においては,「児童の権利に関する条約」(1989)「最悪の形態の児童労働の禁止及び撤廃のための即時の行動に関する条約（ILO 第 182 号条約)」(1999) 等が成立した。国内では,児童問題に対処するため地域での安全パトロール,警察の安全教育,企業の児童の養育者に対する時差出勤等が各自治体,各企業,各地域において実施されている。また,国外においては,児童労働に対する撤廃運動がおこり,その数は年々減少していると国際労働機関（ILO）は報告している。

(2) 児童の権利育成のあゆみ

児童の権利のあゆみであるが,児童が健全に発達するためには,児童の諸権利を保障・擁護することが大切となる。

何人も生まれながらにして,誰にも侵されない権利,すなわち,人権を有する。人権には自由権,社会権,人格権があるが,すべての子どもにもこれらの権利が保障されなければならない。国内・国際人権文書のさきがけとなったのは,アメリカ合衆国の「独立宣言」(Declaration of Independence, 1766) であった。また,すべての人びとの人権保障の国際的基準を示したのが「世界人権宣言」である。同宣言は全 30 条からなっており,すべての人びとの権利の保障,保護をうたっている。その第 25 条第 2 項に児童の保護について「母と子とは,特別の保護及び援助を受ける権利を有する。すべての児童は,摘出であると否とを問わず,同じ社会的保護を受ける。」と規定している。

そして,児童の権利に関する宣言をしたのが,「児童の権利に関する宣言」(Declaration of the Right of the Child, 1959) であった。この前文に「子どもが,幸福な生活を送り,かつ,自己と社会の福利のためにこの宣言に掲げる権利及び自由を享有することができるようにするため,この子どもの権利に関する宣言を公布し,また,両親,個人としての男女,篤志団体,地方行政機関及び政府に対し,これらの権利を認め,次の原則に従って斬新的に執られる立法その他の措置によってこれらの権利を守るよう努力することを要請する。」とある。また,世界の国々は児童の権利に関して特別な保護を与える必要があるとし,保護を与えることだけではなく,平和で安全な世界の下での子どもの成長と教育の促進を訴えたのが「児童の権利に関する条約」であった。この条約の中で児童の権利に関して前文の一部に次のように定めている。「児童の権利に関する宣言において示されているとおり「児童は,身体的及び精神的に未熟であるため,その出生の前後において,適当な法的保護を含む特別な保護及び世話を必要とする。」ことに留意し,児童の保護と世話の必要性を説いている。

そして,「子どもの生存,保護及び発達に関する世界宣言」(World Declaration on the Survival, Protection, and Development of Children, 1990)の「決意」の項目の(18)で,「子どもの福祉のための最高レベルの政治的行動が必要である。われわれは断固としてこの行動を取る決意である。」また,項目の(19)では,「われわれは,子どもの権利,生存,保護及び発達に対し高い優先順位を与えるとの厳粛な決意をここに表明する。これはすべての社会の福祉をも確保するであろう。」としている。

(3) 児童虐待

このように児童に関する権利は,宣言,条約等で規定されているが,現実社会においては児童の人権が守られていない場合が多く存在する。そのひとつが,児童虐待である。

児童虐待は,今に始まったものでなく,古くはギリシャ時代から捨て子や嬰児殺しがあったとされる。これらの境遇の子どもは奴隷に売られたり物乞いの道具として使われたりしたと伝えられている。また,産業革命後,児童虐待に関する最初の団体は,アメリカの「児童虐待防止協会」(Society for the Prevention of Cruelty to Children, 1874)で,当初は非行少年の救済を目的としていたが,そのうち児童の養育の放棄あるいは物乞いに児童を利用することの防止を目的とするものとなった。この運動は海を渡ってイギリスにも波及し,「全国児童虐待防止協会」(National Society for the Prevention of Cruelty to Children, 1884)がつくられ,児童虐待防止の啓蒙活動を行った。この活動は,今日民間活動にも継承されている。イギリスの児童ホームづくりに多大なる貢献をしたのが,医師で慈善家のバーナード(Barnard, Thomas John)であった。彼は,ロンドンのステップニー地区に貧しい子どもを対象としたイースト・エンド救済施設を設立した。そして,ロンドンの多くの地区に孤児院を創設した。これらは,バーナードホームとよばれた。1889年には「児童虐待防止法」(the Law for of Prevention of Cruelty to Children)も成立した。

一方,わが国で児童虐待防止法が最初に成立したのは,1933(昭和8)年であった。同法は限定的な児童保護立法で,児童福祉法の成立と共に廃止された。

児童虐待の要因として,一般的に指摘されているのは,①育児に対する精神的ストレス,②再婚者の連れ子への嫌悪,③地域社会からの孤立,親族・友人関係者との疎遠による育児不安,④親の被虐待体験,⑤配偶者の育児に対する無関心,非協力による怒り,⑥保護者としての精神的未熟,経済的不安定等を挙げることができる。

この児童虐待に関する相談対応件数が急激に増加したのは,1990年以降である。すなわち,1990(平成2)年度に1,101件であったのが,1999(平成11)年度には11,631件と実に10倍以上にもなっている。その後も児童虐待は増加

し，2007（平成19）年度には4万件を突破した（図表1－4参照）。この間，児童虐待防止法も成立したが，児童虐待に関する事件は後を断つことなく増加している。この原因として不況による雇用の不安定化，親になりきれない「大人」の存在，「個人」優先社会，家庭機能の崩壊，人権意識の希薄性，無関心社会等が考えられる。なお，主たる虐待者の推移を見ると，虐待者の過半数は実母が占め，その次に実父となっている（図表1－5参照）。

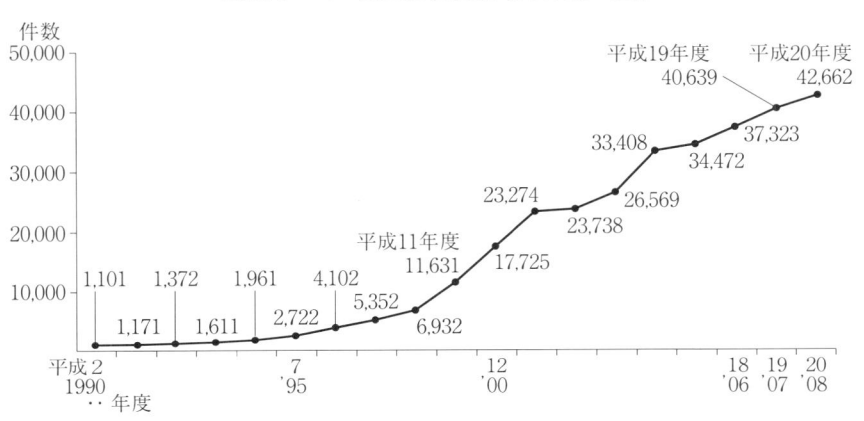

図表1－4　児童虐待相談対応件数の推移

年度	件数
平成2（1990）	1,101
3	1,171
4	1,372
5	1,611
6	1,961
7（'95）	2,722
8	4,102
9	5,352
10	6,932
平成11年度	11,631
12（'00）	17,725
13	23,274
14	23,738
15	26,569
16	33,408
17	34,472
18（'06）	37,323
平成19年度（'07）	40,639
平成20年度（'08）	42,662

出所）「各年版社会福祉行政業務報告」より

図表1－5　主たる虐待者の推移

（単位：人，（　）内：％）

	総数	実父	実父以外の父	実母	実母以外の母	その他
平成11年度（'99）	11,631 (100.0)	2,908 (25.0)	815 (7.0)	6,750 (58.0)	269 (2.3)	889 (7.7)
12（'00）	17,725 (100.0)	4,205 (23.7)	1,194 (6.7)	10,833 (61.1)	311 (1.8)	1,182 (6.7)
13（'01）	23,274 (100.0)	5,260 (22.6)	1,491 (6.4)	14,692 (63.1)	336 (1.5)	1,495 (6.4)
14（'02）	23,738 (100.0)	5,329 (22.5)	1,597 (6.7)	15,014 (63.2)	369 (1.6)	1,429 (6.0)
15（'03）	26,569 (100.0)	5,527 (20.8)	1,645 (6.2)	16,702 (62.8)	471 (1.8)	2,224 (8.4)
16（'04）	33,408 (100.0)	6,969 (20.9)	2,130 (6.4)	20,864 (62.4)	499 (1.5)	2,946 (8.8)
17（'05）	34,472 (100.0)	7,976 (23.1)	2,093 (6.1)	21,074 (61.1)	591 (1.7)	2,738 (7.9)
18（'06）	37,323 (100.0)	8,220 (22.0)	2,414 (6.5)	23,442 (62.8)	655 (1.8)	2,592 (6.9)
19（'07）	40,639 (100.0)	9203 (22.6)	2,569 (6.3)	25,369 (62.4)	583 (1.4)	2,925 (7.2)

資料）厚生労働省雇用均等・児童家庭局調べ
注）「その他」には，祖父母，叔父叔母などが含まれる
出所）厚生統計協会編『国民の福祉の動向（2009）』厚生統計協会，p.63

ここに，児童虐待の深刻さの一端を垣間見ることができる。すなわち，隣人との繋がりが希薄化した人間味のない「コンクリート社会」において子育てに関する情報を得ることは困難となっている。そのため，子育ての不安・孤立が常態化し，ストレスが増幅される結果，感情をコントロールすることが不能となり，わが子を虐待することになる。こうした状況を打開するため具体的児童虐待防止対策として，国は乳児家庭訪問事業（こんにちは赤ちゃん事業）や養育支援訪問事業あるいは地域子育て拠点整備，母子保健活動の充実等を実施している。

　この児童虐待は，当事者（養育関係者）自身の問題であると同時にいかに地域社会で育児，子育てに悩んでいる当事者を孤立化・孤独化させないかということでもある。そのためには，地域社会での関係機関（保健・医療・福祉・警察・教育・司法）が問題を共有し，瞬時に対応できる体制を構築し，効果的・効率的に連携することが必要となるであろう（児童虐待について詳しくは，続く2章や6章でみてゆく）。

　このように，児童の人権が犯されている現状を早急に改善し，児童の権利を育成し保障していくこと，その取組みが，今日を生きるわれわれおとなに求められている。

注）
1) 山縣文治「子ども家庭福祉の歴史・理念と制度体系」仲村優一・一番ヶ瀬康子・右田紀久恵監修『エンクロペディア社会福祉学』中央法規，2007年，p.926

参考文献
　成清美治・高橋紀代香編著『新版・家族援助』学文社，2007年
　成清美治・吉弘淳一編著『新版・児童福祉』学文社，2008年
　成清美治・加納光子編著『現代社会と福祉』学文社，2009年

プロムナード

　スウェーデンの教育者のケイ，エレンは，20世紀は児童の世紀であると主張し，児童問題に一筋の光を差し込んだ。たしかに，20世紀に入り，1909年アメリカで「白亜館会議」が開催され，児童問題が本格的に論議されるようになりました。そして，第1次世界大戦並びに第2次世界大戦という悲惨な体験を経て，幾多の憲章や宣言が発表されました。そして，1989年には，「児童の権利に関する条約」が国連の総会で採択されました。しかしながら，21世紀に入っても世界各地で紛争や局地的戦争が勃発しています。そのため，児童をめぐる生活環境，教育環境は，開発途上国並びに先進諸国に関わらず，非常に厳しい局面を迎えています。わが国においても，経済的不況のもと，家庭内では，児童の教育や健康そして精神的健康等が脅かされ，家庭外でも，児童の安全が脅かされ，おとなのみならず児童にとっても受難の時代となっています。児童にとって息苦しい環境の下にあるといえるでしょう。なかでも，児童虐待の問題は世界的に増加傾向にあります。児童をめぐる社会環境は，劣悪の一途をたどっています。もはや，子育ては親の責任だけでは困難な状態にあると思います。わが国も公的責任と私的責任が一緒になって子育てをする時代に入ったのではないでしょうか。

学びを深めるために

福田誠治『競争やめたら学力世界一』朝日新聞社，2006年
　フィンランドは，世界で最も児童の学力水準が高い国であると同時に世界で最も福祉が行き届いた国のひとつです。この本の中では何故，同国の子どもの学力が高いかについて詳しく述べてあります。つまり，フィンランドの教育の特徴は，わが国等と違って過剰な競争原理を教育に持ち込まず，少人数教育で競争主義を排除したところにあります。その理由について，同書を読んで学んでください。

児童福祉に関する法律（「児童福祉法」「児童扶養手当法」「特別児童扶養手当等の支給に関する法律」「母子及び寡婦福祉法」「母子保健法」「児童手当法」等）を調べ，友人と一緒にその意義と内容について調べてみよう。

福祉の仕事に関する案内書

小島ブンゴード孝子・澤渡夏代ブラント『福祉の国からのメッセージ』丸善ブックス，1996年

第 2 章

児童・家庭の生活実態と
これを取り巻く
社会情勢・福祉需要

1 少子化の進行と児童・家庭福祉

合計特殊出生率
15歳から49歳までの一人の女性が一生の間に産む平均の子ども数。

人口置換水準
人口を維持するのに必要とされる合計特殊出生率。

　先進諸国の中でもわが国は最も少子化の進行した国のひとつである。合計特殊出生率は，人口置換水準である2.08を過去30年間下回り続けている。ちなみに，合計特殊出生率が，2.08を下回ると，親世代より子世代の人口が少なくなり，総人口は減少へと向かうことになる。今日に至るまで合計特殊出生率はほぼ一貫して低下し続けており，他の先進諸国に比べてわが国の合計特殊出生率が低位で推移している状況を考えると子どもを生み育てることが困難になっている社会である現実を示唆しているように思われる。そして，このことについては私たちが考えていく課題である。

　厚生労働省の2009（平成21）年人口動態統計によれば，2009年の出生数は1,069,000人であり，前年比で約22,000人減少している。また，2005（平成17）年には出生数が1,062,530人まで落ち込み，これによりわが国において統計を取り始めてから過去最低の出生数が記録された。なお，合計特殊出生率は同年に1.26となり，少子化の進行は大きな話題として取り上げられた。しかし，その後も少子化の進行に大幅な改善は見受けられず，2007年1.32，2007年1.34，2008年1.37，2009年1.37と低位で推移している（図表2－1）。

　また，出生数と死亡数の人口動態をみてみると2009年に死亡数（1,144,000人）が出生数（1,069,000人）を超えたことで，総人口の減少が加速し，少子高齢化社会に加えて，人口減少社会が進行していくことでも話題となった。

　これまでの出生数の推移を概観してみると，戦後間もない頃の第一次ベビーブームと1970年代前半の第二次ベビーブームに出生数は大幅に増加している

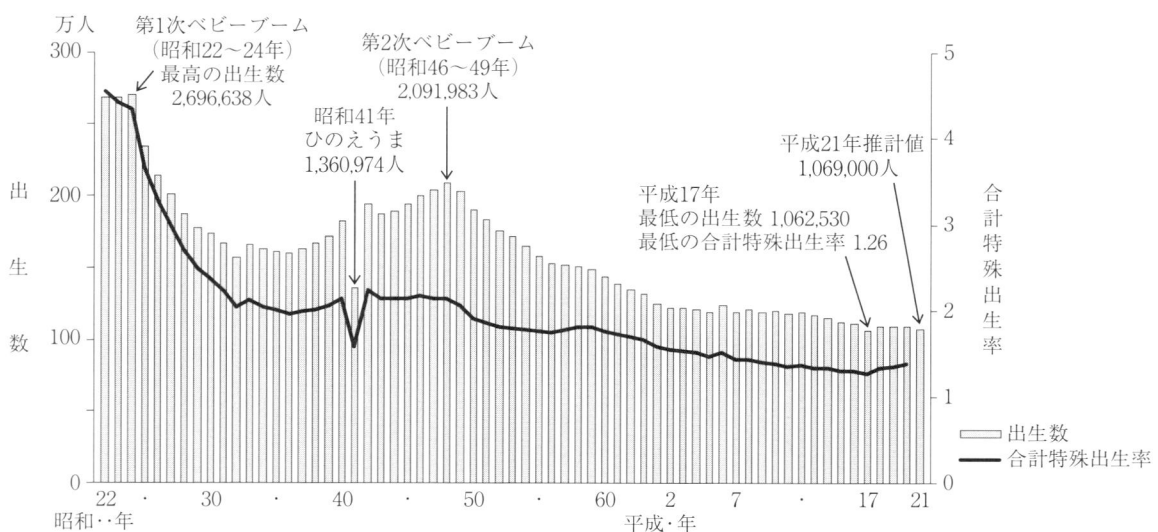

図表2－1　出生数および合計特殊出生率の年次推移

出所）厚生労働省「人口動態統計の年間推計　2009年」　平成22年1月1日大臣官房統計情報部人口動態・保健統計課

ものの，2009年の出生数は第二次ベビーブーム時における出生数と比較するとおよそ102万人も減少している。本来であれば，2009年前後は第二次ベビーブーム世代が子どもを生み育てる時期に入っている。しかし，第三次ベビーブームが到来していないばかりか，実際には2005年に合計特殊出生率が過去最低を記録した。そのため，政府はこの問題に本腰を入れて国家のプロジェクトとして少子化対策を強力に推進することとなった。

こうした少子化の進行は，生産力，国際競争力，経済力，科学技術力などさまざまな国力への影響があるのではないかと危惧されている。次世代を担う子どもの減少は，これまで世界レベルを誇ってきた生産力や科学技術力の相対的な低下，衰退につながり，これまでの経済水準が維持できなくなるとともに，これまで築き上げてきた社会を維持，持続すること自体も危ぶまれる可能性がある。また，この経済成長の鈍化に加えて，高齢化が進行することにより増大する社会保障費における国民負担の増加は，地域社会の活力の低下につながっていくことも予見できる。

そのため，少子化の流れを大きく転換していくための力強い国家レベル，都道府県レベル，市町村レベルでの施策およびシステム形成が求められる。実際，2004（平成16）年6月に「少子化社会対策大綱」が少子化社会対策会議を経て，閣議決定され，少子化に対処するための施策の指針として，総合的かつ長期的な少子化に対処するための施策の大綱の策定が政府には義務付けられた。

そこで，少子化の急速な進行は，社会・経済の持続可能性を揺るがす危機的なものと真摯に受け止め，子どもが健康に育つ社会，子どもを生み，育てることに喜びを感じることのできる社会への転換を喫緊の課題とし，少子化の流れを変えるための施策に集中的に取り組むことが明示されたのである。

「少子化社会対策大綱」では少子化の流れを変えるために，「3つの視点」と「4つの重点課題」，「28の具体的行動」が提示されている。3つの視点とは，①若者の自立が難しくなっている状況を変えていくという「自立への希望と力」，②子育ての不安や負担を軽減し，職場優先の風土を変えていくという「不安と障壁の除去」，③生命を次代に伝えはぐくんでいくことや，家庭を築くことの大切さの理解を深めていくことと，子育て・親育て支援社会をつくり，地域や社会全体で変えていくという「子育ての新たな支え合いと連帯—家族のきずなと地域のきずな—」である。また，4つの重点課題とは，政府が特に集中的に取り組むべき課題で，「①若者の自立とたくましい子どもの育ち」，「②仕事と家庭の両立支援と働き方の見直し」，「③生命の大切さ，家庭の役割等についての理解」，「④子育ての新たな支え合いと連帯」の4分野である。これらの重点課題を受けて，当面の具体的行動として，図表2−2に示す28施策が掲げられている。

図表2-2　少子化社会対策大綱の3つの視点と4つの重点課題

3つの視点
Ⅰ　自立への希望と力
Ⅱ　不安と障壁の除去
Ⅲ　子育ての新たな支え合いと連帯―家族のきずなと地域のきずな―

⬇

4つの重点課題
Ⅰ　若者の自立とたくましい子どもの育ち
Ⅱ　仕事と家庭の両立支援と働き方の見直し
Ⅲ　生命の大切さ，家庭の役割等についての理解
Ⅳ　子育ての新たな支え合いと連帯

重点課題に取り組むための28の行動

【若者の自立とたくましい子どもの育ち】
(1) 若者の就労支援に取り組む
(2) 奨学金の充実を図る
(3) 体験を通じ豊かな人間性を育成する
(4) 子どもの学びを支援する

【仕事と家庭の両立支援と働き方の見直し】
(5) 企業等におけるもう一段の取組を推進する
(6) 育児休業制度等についての取組を推進する
(7) 男性の子育て参加促進のための父親プログラム等を普及する
(8) 労働時間の短縮等仕事と生活の調和のとれた働き方の実現に向けた環境整備を図る
(9) 妊娠・出産しても安心して働き続けられる職場環境の整備を進める
(10) 再就職等を促進する

【生命の大切さ，家庭の役割等についての理解】
(11) 乳幼児とふれあう機会の充実等を図る
(12) 生命の大切さ，家庭の役割等についての理解を進める
(13) 安心して子どもを生み，育てることができる社会の形成についての理解を進める

【子育ての新たな支え合いと連帯】
(14) 就学前の児童の教育・保育を充実する
(15) 放課後対策を充実する
(16) 地域における子育て支援の拠点等の整備及び機能の充実を図る
(17) 家庭教育の支援に取り組む
(18) 地域住民の力の活用，民間団体の支援，世代間交流を促進する
(19) 児童虐待防止対策を推進する
(20) 特に支援を必要とする家庭の子育て支援を推進する
(21) 行政サービスの一元化を推進する
(22) 小児医療体制を充実する
(23) 子どもの健康を支援する
(24) 妊娠・出産の支援体制，周産期医療体制を充実する
(25) 不妊治療への支援等に取り組む
(26) 良質な住宅・居住環境の確保を図る
(27) 子育てバリアフリーなどを推進する
(28) 児童手当の充実を図り，税制の在り方の検討を深める

出所）内閣府政策統括官（共生社会政策担当）『少子化社会対策大綱』(2004)

　　また，こうした政府の取組みに加えて実際に子育てを担っている子育て世帯への子育て応援の取組みを地域住民が主体的に考えていく意識変革も求められる。すなわち，こうした子育ての問題を子育てしている人だけの問題としてではなく，社会全体の課題としてすべての人が認識する必要がある。その意味において，社会全体で社会の希望であり，未来の力である子どもとその子どもを育む子育てを支援していく社会そのものの醸成が課題となってくるのである。
　　その社会的課題を克服していくためにも出生率低下の背景として指摘されている問題と私たちは向き合う必要がある。まず，核家族化や都市化による家庭の養育力の低下である。これは数十年前に父母，子，祖父母が同居する大家族から構成されていた家族が近年核家族化するとともに，都市部のマンションや新興住宅地で生活することにより，親族や近隣から得られていた支援や知恵が得られにくくなり，その結果として子育てが孤立化し，子育ての負担感が増大

した。また，長時間労働や職場の子育てへの無理解・無関心など，わが国に内在する雇用・労働環境の問題を解消するために，仕事と家庭生活との両立支援は重要な課題となっている。

次に，先進諸国におけるわが国の出生率の動向をみていく。わが国における家庭形態は，核家族化とともに家庭の機能をもたない家族や養育力の低い家庭が出現するとともに，欧米先進諸国に比べて労働時間が長いことや子育て世代においては育児と仕事を両立することが困難な雇用・労働環境であることが指摘されている。

そうした中，男女の雇用機会均等化が推進され，結婚後も仕事を続ける女性が増えるとともに，共働き世帯が増加している。しかし，子育てと仕事の両立が困難であるとの不安から子どもを作らない家庭が増加しているため，女性の社会進出が少子化の一因になっているとの指摘もある。しかしながら，スウェーデンやデンマークなどの福祉先進諸国では女性が社会で仕事に従事することにより，経済的な安定を得て少子化の進行を止めているとの指摘がある。実際，日本では，子育て世代に該当する30代から40代の女性の労働力率が低いM字カーブを描いているのに対して，スウェーデンやアメリカなどの先進国では子育て世代の女性の労働力率の急激な低下は見受けられず高原型となっている。すなわち，女性の労働曲線が高原型で出生率の高いスウェーデンやアメリカなどでは仕事と子育てを両立することと出生率の向上の両立を成し遂げていると考えられる（図表2－3）。

なお，日本を含めたアメリカ，フランス，スウェーデン，イギリス，イタリア，ドイツといった先進主要7ヵ国の合計特殊出生率の推移をみると，1960年代まではすべての国においてほぼ2.0以上の水準であったものの1970

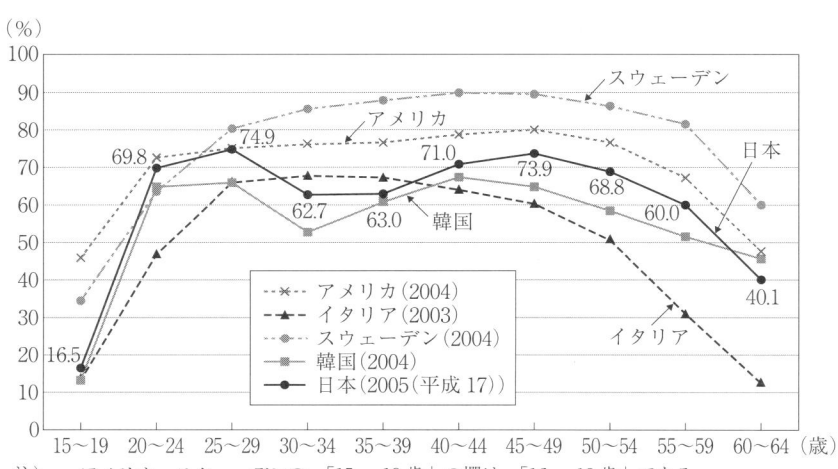

図表2－3　女性の年齢別労働力率

注）　アメリカ，スウェーデンの，「15～19歳」の欄は，「16～19歳」である。
資料）　ILO "LABORSTA"，総務省統計局「労働力調査」（平成16年）
出所）　厚生労働省「平成16年版働く女性の実情」

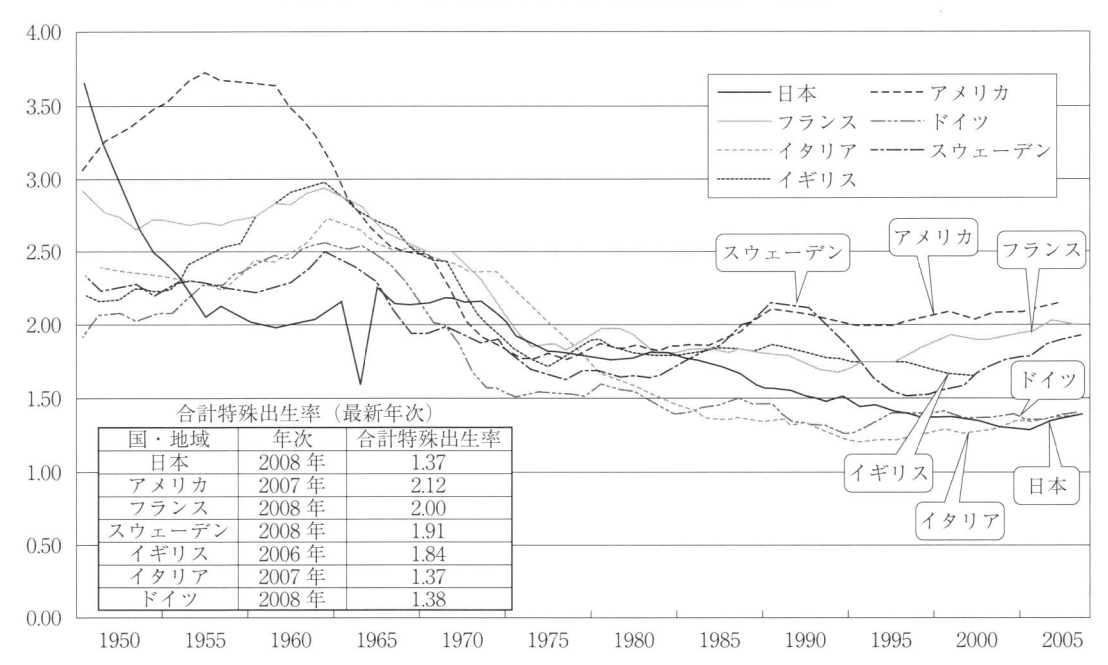

図表2-4 先進主要7ヵ国の合計特殊出生率の動き

国・地域	年次	合計特殊出生率
日本	2008年	1.37
アメリカ	2007年	2.12
フランス	2008年	2.00
スウェーデン	2008年	1.91
イギリス	2006年	1.84
イタリア	2007年	1.37
ドイツ	2008年	1.38

資料）ヨーロッパはEU "Eurostat", Council of Europe "Recent demographic developments in Europe", United Nations "Demographic Yearbook"。アメリカはU.S.Department of Health and Human services "National Vital Statistics Report", United Nations "Demographic Yearbook", U.S. Census Bureau。日本は厚生労働省「人口動態統計」。

年代に入ると低下していった。しかし、2008年にフランスは2.00、スウェーデンは1.91と合計特殊出生率は回復し、ここ数年間において出生率が上昇した国も見受けられる（図表2-4）。フランスやスウェーデンをはじめとして少子化の進行に歯止めをかけたこれらの国々では、出産や子育ての支援、女性の就労支援などの面で充実した支援と幅広い選択ができるような環境整備がなされ、子育てと仕事の両立支援が国をあげて推進する政策が打ち出されている。

今後、わが国においても子どもへの支援や子育て家庭への支援において、子育て世代を越えて、すべての国民が支援する新たな支え合いと連帯の仕組みが形成され、地道な取り組みがなされることが課題となる。その意味においても行政、企業、地域社会が子どもたちの健やかな育ちと親の育ちを応援し、子育ち親育ち応援の社会を国レベルで構築していくことが課題であり、今求められている。

出生率の低下は世帯構造が核家族化するだけでなく、子どもを取り巻く現状や子育て環境にも大きな影響を及ぼす。近年家庭の育児力の低下が指摘されるようになり、地域における子育て支援の必要性が問われている。そのため、保育士には子どもへの保育だけでなく、子どもの保護者への相談に応じ、子育てに関する助言や指導を行う役割が求められている。また、国、地方公共団体、職域、地域、家庭、個人など、社会を構成するすべての人が、それぞれの責任と役割を自覚し、主体的かつ積極的な取組みを進めていくことも必要である。

2 児童虐待と家庭・児童福祉

（1）児童虐待の定義と法改正

「少子化社会対策大綱」にも明記されているが，児童虐待の現状を社会全体の問題として私たちは真摯に受け止めて，子どもたちが健康に育つ社会へと変えていく必要がある。そして，子どもを生み育てることに子育てをしている親が喜びを感じられる社会への転換が緊喫の課題である。

児童虐待は，1960年代初頭にアメリカの小児科医ケンプ（Kemp, C. H.）が親によって身体的な傷を負わされた子どもに見られる特徴を被殴打児症候群（battered child syndrome）として報告したことに始まる。

現在の児童虐待の定義には，身体的虐待，性的虐待，ネグレクト（育児放棄），心理的虐待，DV（Domestic Violence，夫婦間暴力），同居者による虐待行為などが含まれている（図表2－5）。

図表2－5　児童虐待防止法における児童虐待の定義

一．「児童の身体に外傷が生じ，又は生じるおそれのある暴行を加えること。」（身体的虐待）
二．「児童にわいせつな行為をすること又は児童をしてわいせつな行為をさせること。」（性的虐待）
三．「児童の心身の正常な発達を妨げるような著しい減食又は長時間の放置，保護者以外の同居人による前二号又は次号に掲げる行為と同様の行為の放置その他の保護者としての監護を著しく怠ること。」（ネグレクト・育児放棄）
四．「児童に対する著しい暴言又は著しく拒絶的な対応，児童が同居する家庭における配偶者に対する暴力（配偶者（婚姻の届出をしていないが，事実上婚姻関係と同様の事情にある者を含む。）の身体に対する不法な攻撃であって生命又は身体に危害を及ぼすもの及びこれに準ずる心身に有害な影響を及ぼす行動をいう。）その他の児童に著しい心理的外傷を与える言動を行うこと。」（心理的虐待）

児童虐待防止を目的とした法規定としては，2000年に施行されたに児童虐待の防止等に関する法律（以下，児童虐待防止法と示す）がある。しかし，増え続ける児童虐待相談件数，深刻な児童虐待事件の増加といったさまざまな児童虐待問題を解決していくために2004年，2008年に改正されている（詳しくは第6章）。

これらの2度の法改正を行っている児童虐待防止法においては，何人も，児童に対し，虐待をしてはならないことがはっきりと示されており，児童虐待は児童の人権をいちじるしく侵害し，将来の世代の育成に懸念を及ぼす行為であり，児童虐待問題は子どもに深刻な影響を及ぼす社会的問題であることをまず理解することが基本となる。

また，毎年児童相談所への児童虐待相談件数が増加するとともに，身体的暴

力やネグレクト（育児放棄）による児童虐待事件もマスメディアで取り上げられ，社会問題化している。子育て支援環境の欠損を引き金として児童虐待に陥るケースもあるため，子育て家庭を取り巻く環境や社会の変化が児童虐待急増の背景にあると考えられる。そこで，児童虐待が疑われる子どもと家庭への支援を社会の課題として捉え，子どもと家庭を取り巻く社会環境を調整していくような支援が求められる。

厚生労働省社会福祉行政業務報告によれば，児童虐待相談件数の推移は，平成5年の1,611件から平成20年の42,662件へと約15年で26倍以上に増加している（図表1－4参照）。これは虐待そのものが増加したということに加えて，児童虐待が以前よりも発見されやすくなり，通告されやすくなったことも背景にあると考えられる（さらに詳しくは第6章参照）。

子どもや子育てを取り巻く現状や社会環境はここ数十年間で大きく変化しているが，次世代を担う子どもと家族の問題を個人的問題とせずに社会の課題と捉えて社会全体で支えていく社会連帯が必要である。

2004年の法改正の要点は児童虐待の定義に「同居人による虐待行為」「同居人の虐待行為を保護者が放置した場合」「児童の前でのDV」が追加された点と「家族の再統合を目指して総合的に支援していく」点である。

なお，児童虐待の定義に新たに追加されたDVとは，夫やパートナーなど，親密な間柄にある，又はあった男性から女性に対してふるわれる暴力のことであり，DVそのものを禁止した配偶者からの暴力の防止及び被害者の保護に関する法律（DV防止法）が2001年10月13日に施行されている。

国及び地方公共団体は，児童虐待の予防及び早期発見するとともに，虐待する親から被虐待児を引き離して保護した後，家庭的な配慮とともに被虐待児の自立支援を行われなければならない。また，同時に被虐待児が良好な家庭的環境で生活できるように親子の再統合を目指して児童虐待を行った保護者に対する指導，援助が行われなければならない。

児童虐待の早期発見における通告対象は，児童虐待を受けたと思われる児童となったことから，児童虐待を受けたと断定できないが児童虐待を受けていると推察される事例も通告対象となった。

通告義務は全国民に課せられているものの，特に児童の福祉に職務上関係のある学校の教職員や児童福祉施設の職員，医師，保健師などは被虐待児の早期発見，早期対応を行うように努めることが義務づけられている。

立ち入り調査および一時保護については，児童の福祉に関する職員は児童の安全確認を行い，緊急保護が必要な場合などについては立ち入り調査し，場合によっては一時保護できるように法的権限が与えられている。また，警察署長に対して援助を求めなければならないと援助要請が明記され，児童虐待に対する警察の介入が義務付けられた。「立入調査」被虐待児の居所に立ち入って，

児童虐待に関する必要な調査をすること。児童虐待が行われているおそれがあり，児童の安全確認ができず，保護者の調査への協力が得られない場合，児童相談所職員は立入調査が行える。また，立入調査の指示権限は多くの場合において都道府県知事から児童相談所長へ委任されている。立入調査に関しては，児童虐待防止法第9条及び児童福祉法第29条に規定されている。立入調査・一時保護などについての家庭裁判所の権限強化，警察官との連携が児童虐待防止法の改正ポイントとなった。

児童虐待を行った保護者に対して被虐待児との面会または通信が制限できる規定も盛り込まれており，児童相談所が家庭裁判所に申し立てを行えば，親の同意を得なくとも児童虐待を行う親から子どもを引き離すことができることになった。この点について親子の分離期間を2年以内とし，児童相談所の申し立てにより家庭裁判所が期間を更新する規定が盛り込まれた。親子分離のケースは2002年度には約2,900人に達しているため，一時保護や親子を分離した施設入所後に行われる親の養育態度を改善するように保護者へ行われる援助を充実していくことが課題となっている。

なお，児童虐待の防止等に関する制度に関しては，2004年の改正児童虐待防止法施行後3年以内の見直し規定を踏まえ，2008年に改正された改正児童虐待防止法と改正児童福祉法によって，児童虐待防止対策の強化を図る観点から2009年4月より，①児童の安全確認等のための立入調査等の強化，②保護者に対する面会・通信等の制限の強化，③保護者に対する指導に従わない場合の措置の明確化，④要保護児童対策地域協議会設置の努力義務化等の見直しが実施された。

さらに，①乳児家庭全戸訪問事業，養育支援訪問事業等子育て支援事業の法定化及び努力義務化，②要保護児童対策地域協議会の機能強化，③里親制度の改正等家庭的養護の拡充，④施設内虐待の防止の規定等が児童福祉法の改正により2009年4月から施行されている。

(2) 子どものマルトリートメント

ここでは北欧を中心に子どもと家庭への支援において使用され始めたマルトリートメント（maltreatment）の概念を中心に子どもと家庭への支援について考えていく。

高橋他（1996）によればマルトリートメントとは，児童虐待の上位概念として，家庭内に限定しないおとなによる子どもへの不適切な関わりと定義している。北欧では「子どもへの虐待」と深く関わる概念として「子どもへの不適切な関わり（child maltreatment）」が「子どもへの虐待」「ネグレクト」の上位概念として用いられている。

子どもへの適切な関わりには子どもの気持ちを理解した関わりが必要であり，

児童虐待とネグレクト

虐待とネグレクトを包括的に指す語として，「子どもへの虐待及びネグレクトのマルトリートメント」（child abuse neglect maltreatment）が用いられる。また，「マルトリートメント」（maltreatment）は，①「虐待」（abuse），②「ネグレクト」（neglect），③「心理的マルトリートメント」（emotional maltreatment）に分類される。さらに，「心理的マルトリートメント」（emotional maltreatment）は，①「心理的虐待」（emotional abuse），②「心理的ネグレクト」（emotional neglect）に分類されている。

子どもの気持ちを理解しない関わりによってマルトリートメントが生じるリスクが高まる。そのため、マルトリートメントを生じさせる要因について検討することが求められる。また、子どもの気持ちを理解した関わりが、子育て仲間との交流や親子遊びなどとどのように関連しているか考えていくことも必要となってくる。

地域子育て支援拠点施設を利用した親へのアンケート調査より、子どもを育てにくいと感じている親たちが、子どもを育てにくくないと感じている親たちに比べて子どもの気持ちを理解した関わりが行えていないことが明らかになっている。また、調査より子どもの出生前に自分の身には置き換えていなかった親たちは、自分の身に置き換えていた親たちに比べて子どもの気持ちを理解した関わりが行えていない結果が得られた（新川, 2009）。

そのため、子どもを育てにくいと感じている親を含めて、子どもの気持ちを理解して子どもへ関わることについて取り上げた講座・研修などを地域子育て支援拠点事業に取り入れていくことが求められる。さらに、子どもの育ちと親の育ちを促すような相談援助およびソーシャルワークや子育て支援事業に従事できる家族援助の専門職を養成していく必要がある。また、これとあわせて子どもの気持ちを理解した関わりが行えるような初等中等教育段階における保育体験や子どもへの関わりをふりかえる機会を設けることも必要と考えられる。

（3）子どものマルトリートメントへの相談援助事例

保育所においてネグレクトの疑いがあるマルトリートメントとして子どもと家庭への支援事例を取り上げて子どもと家庭への支援のあり方について考えていきたい。

家族構成は父、母、A（5歳）である。Aは保育所に登園するものの、朝から元気のない様子で座り込んでいることが多かった。Aの保育所への送迎はパート勤めの母がしていたものの、登園時間はばらばらで、夜出歩いて昼まで家で寝ていることがあった。母親は父親が家事や育児に非協力的であったことに落胆するとともに、家事と育児への意欲をなくしていて「何もしたくない」と担任保育士に心境を打ち明けていた。両親ともに家事・育児をしないため、家の中にはごみや雑誌が散乱しており、洗濯物は籠から溢れ出していて、Aはいつも同じ服を着ていた。

保育所ではAの養育環境についてケース検討会が開かれた。そこで、両親の話を聴き、信頼関係を構築することを目標にしてさまざまな支援が行われた。まず、子どもの食事を確保するため、両親と話をするとともに、祖父母とも連絡を取り合い、衣食住に関する生活環境の整備を図った。同時にAの養育状況を保健所、児童相談所にも連絡し、Aの養育環境について保育士、保健師、児童福祉司で話し合いの場がもたれた。その後、保健所、児童相談所からも家

庭への訪問が行われ，保育所，保健所，児童相談所が連携してAを中心として，両親への支援が行われた。

この事例では母親の心のケアから始める必要があったため，母親に対して共感的・受容的態度で接することで，信頼関係を築いていった。その後，園で母親に対して子どもの爪を切るなど具体的な養育方法の指導を行い，子育ての仕方を伝えていった。また，子どもと一緒に遊ぶことでその楽しさを共有するような支援も行われた。

児童虐待は年々増加しており，その背景として家庭の養育・教育力の低下が指摘されている。Aのようなネグレクトの状態にまで至らないにしても，「子どもを家で見ているよりもパートで働いていた方が楽でいい」「子どもを世話したくない」「できれば終日保育所で預かって欲しい」などと保育士に話す親が増加していることを保育現場でしばしば耳にする。こうしたネグレクト予備群ともいえる親への支援を，どのように行っていくかが今問われている。

3　少年犯罪と家庭・児童福祉

東京都福祉保健局（2005）は，「東京の児童相談所における非行相談と児童自立支援施設の現状」について調査結果を公表している。これは児童相談所と児童自立支援施設の現場職員が共同し，1,000件を超える相談や250名以上の施設入所児童の全件調査および300名以上の退所児童の全件追跡調査を行って，非行の入口から立ち直りまでの分析と援助効果の検証を行った全国初の"非行相談白書"として公にされたものである。

児童相談所の非行相談にみる非行の入口のきっかけとして，以下のポイントが示されている。非行の種類は，家出外泊43.3％，盗み40.4％，粗暴22.5と続いて多い結果が示されている。そして，非行相談があった子どもには自己中心的約22％，未熟約16％，意志が弱い約16％といった特徴があった。また，非行の自覚が少しできている子どもは12.7％，自覚しているが改善意欲が低い子どもは19.1％，自覚できていない子どもは30.4％であったことも明らかになった。

また，さらに，非行に至った原因・背景として非行の要因には親の放任29.1％，学校の友人関係25.0％，子ども自身の非行問題16.3％が挙げられており，子どもの被虐待経験については，非行相談の約4件に1件の割合で子どもの被虐待経験（約24％）があり，身体的虐待10.0％，ネグレクト9.6％，心理的虐待4.6％，性的虐待0.8％であり，内訳は実母約57％，実父約43％であったことが明らかにされた。児童相談所の非行相談にみる非行の立ち直りのきっかけとしては，大きな要因に保護者（親）の協力が約31.1％，児童相談所の通所指導16.7％，学校の協力13.9％があった。

次に、児童自立支援施設における児童自立支援をみていく。児童自立支援施設での立ち直りと成長への契機に、施設職員との信頼関係構築32.8％、過去の失敗のふりかえり、反省25.5％、感情の安定22.0％が続いていた。この結果から施設職員との信頼関係構築が大きな契機となったことが明らかになった。なお、自立支援により子どもが成長した点には、情緒の安定が最も高く約42％であり、おとなへの不信感の軽減が29％、忍耐力の向上約24％となっていた。

児童自立支援施設退所後の非行改善と立ち直り支援としては、退所児童からの相談内容は親子関係が最も多く約27％あり、退所後に子どもの非行が改善した要因には、親の支援が約22.7％と施設職員のアフターケア17.4％との結果が示されている。

これらの調査結果から、子どもの非行の背景に親の放任や子どもの被虐待経験があり、非行からの立ち直りにおいて保護者の協力と非行相談による職員のケアが大きな力になっていることがうかがえるため、親と子への幼少期からの子どもの育ちと子育てに関わる支援を社会的に充実させていくとともに、児童虐待の予防的な取り組みを推進していくことが重要であることが示唆された。

4 家庭における育児機能の低下と地域における子育て支援

ここ二十数年の社会の変化に伴って、子育て家庭における育児機能の低下がしばしば指摘されている。子育てする親の心理・社会的側面の変化を明らかにした調査結果を通して、母親の育児機能の低下や地域における子育て支援のあり方について考えていきたい。

乳幼児健診に来た保護者を対象として大阪府北部のI市で行われた調査は、大阪レポートと呼ばれており、服部・原田（1991）は1980年代に大阪府で母子保健サービスに関する実態調査を行い、子どもの発達と母親の育児不安など子育ての現状を明らかにしている。また、兵庫西部のH市で行われた調査は、兵庫レポートと呼ばれており、原田（2006）は2002年から2004年にかけて厚生労働科学研究の一環として児童虐待発生要因の解明と児童虐待への地域における予防的支援方法の開発に関する研究を実施した。兵庫レポートは大阪レポートの質問をベースにして調査が行われているため、1980年に実施された大阪レポートと2003年に実施された兵庫レポートの比較を通して母親の心理・社会的状況について理解を深めるとともに、子どもと家庭への支援について考えていく。

まず「近所にふだん世間話をしたり、赤ちゃんの話をしたりする人がいない」と回答した1歳半の子どもをもつ親の割合が1980年には10.5％であったが、2003年になると21.1％に増加していることが明らかにされている。また、4ヵ月の子どもをもつ親においても15.5％から32.0％へ増加していることが示

された。そして，親子で一緒に過ごす子育て仲間の有無とのクロス集計結果から，近所の話し相手が数名いる母親の場合，子育て仲間は90.2％もいるが，近所の話し相手がいない母親の場合，子育て仲間は44.0％しかいないことも示されている。

　これらの調査結果から，親の育児における孤立化の進行が明らかになった。また，子育ての孤立化を防止するために，母親が近所で話しあえるような相手を作る母親支援が求められる。そして，母親同士がよりコミュニケーションを図りやすい環境を整えていく支援も必要性があるものと考えられる。

　次に，「自分の子どもが生まれるまでに，他の小さい子どもに食べさせたり，おむつをかえる」といった子育て経験がないと回答した母親の割合が，1980年の40.7％から2003年の54.5％へと増加し23年間で13.8％増えたことが明らかにされている。また，「自分の子どもが生まれるまでに，他の小さい子どもを抱いたり，遊ばせる」といった育児経験がない母親の割合は，1980年の15.0％から，2003年の26.9％へと増加し，23年間で11.9％増えていることも調査によって示された。そして，子どもとの接触経験のあった孤立傾向が少ない母親の割合は，1980年の85％から，2003年の73.1％へと減少し，23年間で11.9％減っていることも明らかにされた。

　こうした結果から，子どもを生む前に親が小さい子どもと接触する経験が減少しているという事実と接触経験と孤立傾向の高まりとが関連している関係が明らかになった。それゆえに，今後は子どもを産み育てる前に乳幼児と関わる機会を増やしていく支援が必要となってくる。

　最後に，「育児でいらいらすることが多い」と回答した母親の割合は，1980年には10.8％であったが，2003年には31.8％へと約3倍増加した。そして，子どもにどのように関わったらよいかよく迷う母親の81.4％がイライラ感を強く感じており，迷わない母親の18.4％がイライラ感を強く感じていることも明らかにされている。そのため，子どもにどのように関わったらよいか迷う母親の方が強いストレスを受けやすいことが示された。さらに，「育児で不安なことがしょっちゅうある」と回答した母親の割合は1980年の6.7％から，2003年の14.8％へと約2倍に増えていることも明らかになった。

　これらの調査結果から親が社会から孤立し，子どもと関わる経験が少なくなるとともに，子育てのストレスや不安が増加していることが明らかになっている。これらの調査結果を踏まえて，保育や福祉に携わる専門職は子育てのストレスを抱え，子育ての仕方がわからない保護者への支援が求められている現状をまず認識しておく必要がある。

5 地域における子育て支援・青少年の育成

　わが国においては，近年子育て家庭における養育力や地域社会における子育て支援力が低下していることが指摘されており，子どもの育ちや子育てに関する困難を抱えている子どもと家庭への支援は社会的に喫緊の課題となっている。また，社会全体で子どもや家庭を見守り，育てていく機能を社会の中に取り入れていくことも重要である。

　そのために，まず社会が連帯して子育てを支援していく視点を私たち一人ひとりがまず自覚することが求められる。そのうえで，子どもは社会の宝であり，わが国の未来や社会を左右する存在であることを念頭において子どもたちのwell-beingを目指す支援にそれぞれの立場から私たち一人ひとりは取り組んでいく必要がある。

(1) 地域子育て支援拠点事業

　核家族化や地域のつながりの希薄化から地域社会が連帯して子育てを支援していく仕組み作りが喫緊の課題であることに加えて，3歳未満児の7～8割の日中の居場所が家庭であることから家庭での子育てをいかに支援していくかが社会的課題となっている。さらに，子育てに関する不安やストレスが増大するとともに育児負担が高まり，子育て家庭において親が孤立化している傾向の高まりも調査で明らかになっている。

　そのため，これまで地域子育て支援拠点事業では，育児不安への対応や子どもの育ちに関わる専門的な相談援助を行う地域子育て支援センター事業と子育て親子が気軽に集い交流することができるつどいの広場事業により，子育て支援の拠点づくりが推進されてきた。そして，全国10,000箇所整備といった目標を掲げて早急な拠点拡充を行うことから，児童館も含めて，平成19年度からひろば型，センター型，児童館型へと地域子育て支援拠点事業の再編が行われた。

　地域子育て支援拠点事業の基本事業は，①子育て親子の交流の場の提供と交流の促進，②子育て等に関する相談・援助の実施，③地域の子育て関連情報の提供，④子育ておよび子育て支援に関する講習等の実施である。

　なお，地域子育て支援拠点は，市町村，社会福祉法人，NPOなどさまざまな運営形態により，公共施設，地域子育て支援センター，保育所，児童館，NPO，子育て中の当事者などなど多様な主体によって取り組みがなされている。また，身近な場所での親子の交流，育児相談，情報提供，講習などの事業が推進されている（図表2－6）。

(2) 子ども・若者ビジョン

　子ども・若者育成支援推進法（平成21年法律第71号）第8条第1項の規定

5. 地域における子育て支援・青少年の育成

図表2－6　地域子育て支援拠点事業の概要

背景
- 3歳未満児の約7～8割は家庭で子育て
- 地域核家族化，地域のつながりの希薄化
- 男性の子育てへの関わりが少ない
- 児童数の減少

課題
- 子育てが孤立化し，子育ての不安感，負担感
- 子どもの多様な大人・子どもとの関わりの減

地域子育て支援拠点の設置
子育て中の親子が気軽に集い，相互交流や子育ての不安・悩みを相談できる場を提供

地域子育て支援拠点
- ○公共施設や保育所，児童館等の地域の身近な場所で，乳幼児のいる子育て中の親子の交流や育児相談，情報提供等を実施
- ○NPOなど多様な主体の参画による地域の支え合い，子育て中の当事者による支え合いにより，地域の子育て力を向上

事業内容
① 交流の場の提供・交流促進
② 子育てに関する相談・援助
③ 地域の子育て関連情報提供
④ 子育て・子育て支援に関する講習等

平成21年度実施か所数（交付決定ベース）5,199か所

解消　育児不安　→　地域で子育てを支える

出所）厚生労働省雇用均等・児童家庭局総務課

に基づいて，子ども・若者育成支援施策の推進を図るための大綱として，子ども・若者の成長を応援し，一人ひとりを包摂する社会を目指して「子ども・若者ビジョン」が定められた。

基本的な方針として5つの理念を示された。
(1) 子ども・若者の最善の利益を尊重
(2) 子ども・若者は，大人と共に生きるパートナー
(3) 自己を確立し社会の能動的形成者となるための支援
(4) 子ども・若者一人一人の状況に応じた総合的な支援を社会全体で重層的に実施
(5) 大人社会の在り方の見直し。

また，以下の3つの重点課題が示された。
(1) 子ども・若者が生き生きと，幸せに生きていく力を身につけるための取組
(2) 困難を有する子ども・若者やその家族を支援する取組
(3) 地域における多様な担い手の育成

また，子ども・若者等に対する施策の基本的方向として，以下の3点を挙げている。①すべての子ども・若者の健やかな成長を支援，②困難を有する子ども・若者やその家族を支援，③子ども・若者の健やかな成長を社会全体で支えるための環境整備（図表2－7）。

図表2-7 子ども・若者ビジョンの概要

位置づけ
- 子ども・若者育成支援推進法に基づく「大綱」として，子ども・若者ビジョンを作成
- 子ども・若者育成支援施策に関する基本的な方針について定めるもの

状況認識
- グローバリズムの進展
  多様な価値観をもつ人たちとの共生が必要
- 情報化の更なる進展
  視野等を広げる一方，被害等の負の影響の懸念
- 雇用環境の大きな変化
  非正規雇用の増大，フリーター・ニートの数の高止まり
- 経済的格差の拡大と世代をまたがる固定化
  「子どもの貧困」問題としてクローズアップ
- 家庭や地域の養育力の低下，児童虐待被害

策定の考え方
- 社会を構成する重要な「主体」として尊重
- 子ども・若者を中心に据え，地域ネットワークの中での成長を支援
- 「すべて」の子ども・若者と，「困難を抱えている」子ども・若者の両方を支援
- 「今」を生きる子ども・若者を支えるとともに，「将来」をよりよく生きるための成長も支援
- 大人がその役割の重要性を認識し，積極的によりよい社会づくりを推進

基本的な方針

理念
(1) 憲法及び児童の権利条約に基づき子ども・若者の最善の利益を尊重
(2) 子ども・若者は，大人と共に生きるパートナー
(3) 自己を確立し社会の能動的形成者となるための支援
(4) 一人一人の状況に応じた総合的な支援を，社会全体で重層的に実施
(5) 大人社会の在り方の見直し

重点課題
(1) すべての子ども・若者が生き生きと，幸せに生きていく力を身につけるための取組
(2) 困難を有する子ども・若者やその家族を支援するための取組
(3) 地域における多様な担い手の育成

子ども・若者等に対する施策の基本的方向

すべての子ども・若者の健やかな成長を支援

(1) 自己形成支援
- 日常生活能力の習得－生活習慣の形成，規範意識等の育成 等
- 多様な活動機会の提供－自然体験，芸術・伝統文化体験 等
- 学力の向上－基礎学力の保障／高校教育の質の保証 等
- 大学教育等の充実－質の高い教育の展開支援 等
- 経済的支援の充実－子ども手当，高校の実質無償化 等

(2) 社会形成・社会参加支援
- 社会形成への参画支援－社会形成・社会参加に関する教育（シティズンシップ教育）の推進／子ども・若者の意見表明機会の確保
- 社会参加の促進－ボランティア活動，国際交流活動

(3) 健康と安心の確保
- 健康の確保・増進－思春期特有の課題（喫煙，性感染症等）への対応／健康教育の推進 等
- 相談体制の充実－スクールソーシャルワーカー等の活用 等

(4) 若者の職業的自立，就労等支援
- 就業観・意欲の涵養－キャリア教育，職業教育の体系的な充実／ジョブ・カード制度の推進 等
- 就労支援の充実－高校生，大学生等に対する就職支援 等

困難を有する子ども・若者やその家族を支援

(1) 困難な状況ごとの取組
① ニート，ひきこもり，不登校の子ども・若者への支援 等
  子ども・若者支援地域協議会の設置促進（ネットワークの形成）／支援に携わる人材養成／地域若者サポートステーション事業の実施 等
② 障害のある子ども・若者の支援
  教育・就労支援等／発達障害のある者の支援 等
③ 非行・犯罪に陥った子ども・若者の支援等
  非行防止活動，相談活動の推進／薬物乱用防止（再乱用防止）／少年院における矯正教育等の充実／しょく罪指導等処遇の充実 等
④ 子どもの貧困問題への対応
  子ども手当，高校の実質無償化，奨学金の充実／ひとり親家庭への支援／貧困の連鎖の防止／状況把握 等
⑤ 困難を有する子ども・若者の居場所づくり
  要保護児童の居場所づくり／グループホーム等の居場所づくり
⑥ 外国人等特に配慮が必要な子ども・若者の支援
  外国人の子どもの教育充実／定住外国人の若者の就職促進／性同一性障害者等・十代の親への支援／嫡出でない子

(2) 子ども・若者の被害防止・保護
  児童虐待防止対策／里親の拡充など社会的養護の充実／児童買春，児童ポルノ等の犯罪対策／犯罪被害にあった者等への対応／いじめ被害，自殺対策／被害防止（メディアリテラシーの習得，情報モラルの涵養等）

社会全体で支えるための環境整備

(1) 環境整備
① 家庭，学校及び地域の相互の関係の再構築
- 保護者等への支援を行う「家庭を開く」取組－家庭教育に関する人材養成，相談体制の充実 等
- 外部の力も活用した「開かれた学校」づくり－学校支援地域本部やコミュニティ・スクールの設置促進／スクールカウンセラーやスクールソーシャルワーカーの活用 等
- 放課後の居場所やさまざまな活動の場づくり－放課後子どもプランの推進 等
- 犯罪等の被害に遭いにくいまちづくり

② 多様な主体による取組の推進
- 相談体制の充実－子ども・若者総合相談センターの体制確保支援／オンブズパーソン等子どもの相談体制の普及
- 民間団体等の取組の推進／国民運動等の取組の推進／「新しい公共」による活動等の支援

③ 関係機関の機能強化，地域における多様な担い手の育成
- 専門家の養成・確保
- 地域における多様な担い手の育成－青少年リーダー等の育成／ピア・カウンセリングの普及 等

④ 子ども・若者を取り巻く有害環境等への対応
  フィルタリングの性能向上・利用普及／インターネット上の違法情報の取締り／ゲームや携帯電話をめぐる問題への取組 等

(2) 大人社会の在り方の見直し－雇用・労働の在り方の見直し 等

今後の施策の推進体制等
- 子ども・若者に関する実態等の把握 等
- 広報啓発 等
- 国際的な連携・協力
- 国の関係機関等の連携・協働の促進
- 関係施策の実施状況の点検・評価
- 子ども・若者の意見聴取等
- ビジョンの見直し（5年を目途）等

＊「子ども・若者ビジョン」は，主として学童期以降の施策に重点，「子ども・子育てビジョン」は，乳幼児期を中心とした子どもや子育て家庭に関する施策に重点

出所）内閣府政策統括官共生社会政策担当子ども・若者育成支援推進本部

参考文献

Kempe, C.H., Silverman, F.N., Steele, B.F., Droegemueller, W., Silver H.K., The battered-child syndrome. *JAMA*, 1962.

厚生労働省雇用均等・児童家庭局総務課『地域子育て支援拠点事業』2000 年

厚生労働省大臣官房統計情報部人口動態・保健統計課『人口動態統計の年間推計』2009 年

服部祥子・原田正文『乳幼児の心身発達と環境─「大阪レポート」と精神医学的視点─』名古屋大学出版会，1991 年

原田正文『子育ての変貌と次世代育成支援─兵庫レポートにみる子育て現場と子ども虐待予防─』名古屋大学出版会，2006 年

池田由子『児童虐待─ゆがんだ親子関係─』中公新書，1987 年

高橋重宏・庄司順一・中谷茂一・加藤純・澁谷昌史・木村真理子・益満孝一・杤尾勲・木村定義「子どもへの不適切な関わり（マルトリートメント）のアセスメント基準とその社会的対応に関する研究（2）新たなフレームワークの提示とビネット調査を中心に」日本総合愛育研究所紀要 32，1996 年

内閣府政策統括官共生社会政策担当子ども・若者育成支援推進本部『子ども・若者ビジョン子ども・若者の成長を応援し，一人ひとりを包摂する社会を目指して』2010 年

内閣府政策統括官共生社会政策担当『少子化社会対策大綱』2004 年

新川泰弘「認知・行動変容ステージに即したエコロジカルなソーシャルワーク実践の試み─ネグレクトが疑われる事例検討を通して─」『保健の科学』50（3），209-213，2008 年

新川泰弘「マルトリートメントと子育ち環境との関連」日本保育学会，第 62 回大会発表論文集，PD-45，2009 年

岡村重夫『社会福祉原論』全国社会福祉協議会，1983 年

才村純『ぼくをたすけて─子どもを虐待から守るために─』中央法規，2004 年

芝野松次郎『社会福祉実践モデル開発の理論と実際─プロセティックアプローチに基づく実践モデルのデザイン・アンド・デベロップメント─』有斐閣，2002 年

汐見稔幸『親子ストレス─少子社会の「育ちと育て」を考える─』平凡社新書，2000 年

東京都福祉保健局『東京の児童相談所における非行相談と児童自立支援施設の現状』2005 年

> **プロムナード**
>
> **地域における子どもと家庭を支援する専門職の役割**
>
> 少子化，核家族化，子育て観の多様化など子育てを取り巻く環境は，年々変化しています。そのような中，子育ての孤立化の予防，育児不安や育児ストレスの軽減など子どもと家庭を支援する専門職には以前よりも幅広い役割が期待されるようになりました。そのため，子どもの育ちに関する相談援助，子育ての仲間づくりのサポート，ソーシャルワークなど多くの役割が保育士など子どもと家庭を支援する専門職には求められるようになりました。さらに，急増する児童虐待への対応や発達障害への相談，援助など次世代を担う子どもたちに対するきめ細やかな支援は子どもと家庭福祉専門職養成においても重要な課題となっております。そうしたなか，実践研究及び社会調査に基づいて，文部科学省「社会人の学び直しニーズ対応教育推進プログラム」「主体的な学びの再生と復活を目指した家族援助力養成教育プログラム」（整理番号5261）が平成20～21年度にわたって実施されました。そこで，取り上げられた文部科学省科学研究費地域子育て支援拠点調査（課題番号20730394）をご紹介します。調査によって，子どもの気持ちを理解して関わろうとする人ほど，子どもの行為の意味を考え，落ち着いて対応していることが明らかとなりました。また，子どもの気持ちを理解しようとしない方が，子どもを衝動的に叱ることが多い結果も得られました。また，子育てを楽しめている人ほどイライラせずに，子どものよいところをほめて，子育ちを考えた遊びを行っていることも明らかとなりました。これらの調査結果を受けて，子どもと家庭を支援する専門職には子どもの気持ちを理解しようとするまなざしとともに子どものよさを積極的に認めていく実践が期待されます。また，親支援においても子どもの気持ちをまず考えて，子どもの健やかな育みを強化していく支援が求められています。

学びを深めるために

芝野松次郎『社会福祉実践モデル開発の理論と実際—プロセティックアプローチに基づく実践モデルのデザイン・アンド・デベロップメント—』有斐閣，2002年

　近年，急増する児童虐待への相談，援助など次世代を担う子どもたちに対して親と子の育ちを育むきめ細やかな相談援助を行う必要がある。そこで，子どもと家庭を支援する福祉専門職においては，ソーシャルワーク実践理論に基づいた介入と効果測定に取り組むソーシャルワーク実践が求められている。そのため，ソーシャルワーク実践理論システムの中で子ども家庭福祉専門職に必要とされるソーシャルワーク実践モデルのデザインとデベロップメントの手続きをわかりやすく解き明かしている。

岡村重夫『社会福祉原論』全国社会福祉協議会，1983年

　援助を求める人と環境（社会制度・システムなど）との接点である「社会関係」に生じる生活上の問題を生活の本質的な条件として，そこへ介入する実践に含まれる評価機能，調整機能，送致機能，開発機能について説明している。また，利用者の主体的側面に立って，解決策を含めて，生活問題の有効な，また，実現可能な解決方法を示すことを目指すソーシャルワークの理論とその実践の本質についてわかりやすく解説している。

福祉の仕事に関する案内書

芝野松次郎，高橋重宏，松原康雄編著『児童や家庭に対する支援と子ども家庭福祉制度』ミネルヴァ書房，2009年

白澤政和・尾崎新・芝野松次郎編『社会福祉援助方法』有斐閣，1999年

第 3 章

児童・家庭福祉制度の発展過程

1 要保護児童・非行児童の保護活動

（1）要保護児童の保護活動

1）児童の養育責任

1947年に制定された児童福祉法第1条1項で「すべて国民は，児童が心身ともに健やかに生まれ，且つ，育成されるよう努めなければならない」さらに第2条において，「国及び地方公共団体は，児童の保護者とともに，児童を心身ともに健やかに育成する責任を負う」と規定し，児童を健やかに育てるのは，親権をもつ保護者だけでなく，国や地方自治体，国民の責任であると規定している。この児童福祉の理念規定は，法制定当時から，世界的に進んだものとされている。

2）社会的養護対策の起こり

児童は家庭における保護者の愛情の下で養育される家庭養護が望ましいが，児童の中には，種々の理由で，生まれた家庭で育つことができない子どもがいる。この子どもたち（要保護児童）を保護し養育を行い，自立を支援する仕組みが，社会において制度化された場合を，社会的養護という。社会的養護は，養育される場の違いから家庭的養護（里親養育，養子）と施設養護（乳児院や養護施設での養育）に整理することができる。

歴史的に振り返っても，親による養育が困難な場合，病人や障害児者や老衰者等と同様，親族など血縁に基づいた養育，あるいは地縁に基づく村落共同体の中で支援が行われてきた。また，古代から四天王寺の悲田院など，救貧対策の施設に収容され，おとなとの混合収容の形で孤児や棄児が養育されていたとされる。

西欧では産業革命以降の児童労働の出現，悲惨な労働環境に対し，人道主義の立場から雇用の制限や教育の機会の確保など児童保護の取り組みがペスタロッチ（Pestalozzi, J. H.）の孤児院，バーナード（Barnard, J. T.）のビレッジホームにより始まった。バーナードは小舎制を導入し，里親委託も試みるなど先駆的実践を行っている。

わが国では明治期において，孤児や棄児のための施設として，1869（明治2）年に松方正義によって設立された「日田養育館」（大分県日田市）が最初のものとされ，以後キリスト教伝道者や篤志家により横浜の慈仁堂，長崎の浦上養育院，石井十次の岡山孤児院（1887），小橋勝之助の博愛社（1890）などが設置されている。また，保育事業の開拓的取り組みとしては，赤沢鐘美が私塾新潟専修学校に託児所（1890）を開設し，野口幽香や森島峰により東京四谷のスラム街に日本最初の常設保育所として双葉幼稚園（1900）が設置される。1929（昭和4）年公布，1932年施行の救護法第6条に養老院とともに孤児院は，「救護

要養護児童
① 保護者のない児童：死別または不明，遺棄，保護者の長期入院や拘禁など，② 保護者に虐待されている児童，③ 環境上養護を要する児童：児童保護のための禁止行為を受けている子ども，のことをいう。

親権
児童の養育に関する親の責任は，民法818条において，「成年に達しない子は，父母の親権に服する」と，実の親（父母）に付与されている。具体的には，子どもに対する ① 監護および教育を行う権利と義務（民法820条）② 居所指定権（821条）③ 懲戒権（822条）④ 職業許可権（823条）⑤ 財産管理権（824条）などを指す。これは，親の権利の規定ではなく，親が子どもを健全に成長させるために責任もって育成するための権利である。

施設」として位置づけられた。こんにち，児童福祉法に基づいて社会的養護の仕組みが整備されているが，これらの先駆的取り組みが礎となっている。

3）家庭的養護（里親制度と養子縁組み）

　里親制度は，児童福祉法の制定とともに始まった制度で，家庭での養育に欠ける子どもに対して，自らの家に引き取り，親子として，家族として，あるいは共同生活者として，あたたかい愛情と正しい理解をもった家庭環境を保障することで，子どもの健全な育成を図ることを目的とした制度である。現在，登録里親数，里親に委託されている児童数は昭和30年代をピークに減少を続けてきたが2002年の里親制度改正以降，ともに増加傾向にある。2007（平成19）年現在登録されている里親は，7,934人，里親に委託されている児童数は3,633人である（厚生労働省対人官房統計情報部平成19年度社会福祉行政業務報告より）。

　2002（平成14）年10月に，里親制度は改正され，従来の里親（養育里親）に加え，新たに専門里親，短期里親，親族里親が創設されるとともに，新たな里親の認定や養育のあり方に関する省令が制定された。

　養育里親は，要保護児童の養育を希望し，都道府県知事が行う研修を修了して養育里親名簿に記載されている者をいう。さらに，2008（平成20）年の児童福祉法の改正では，養育里親を社会的養護の担い手と明確に位置づけ，養育里親研修の義務化，欠格事由や取消事由を明確化し，里親を支える支援体制を充実している。

　専門里親は，現に里親である者であって児童の養育に3年以上の経験を有する者，児童の福祉，保健・医療，教育，矯正等に関連する資格を有する者など一定の要件を満たした者で，被虐待経験等から心理的外傷を受け問題行動がある児童，非行のある児童，障害児等の養育を行う者として名簿に記載された者をいう。特に，家庭的で親密な援助を提供し，問題性の改善や治療を図る。

　親族里親とは，両親等が死亡，行方不明又は拘禁等の状態になったことで養育が期待できない場合，要保護児童の3親等内の親族で，養育を希望する者をいう。養育費は支弁されるが，里親手当はない。

　短期里親とは，一年以内の期間を定めて要保護児童を養育する里親をいう。「子ども・子育て応援プラン」の中で，里親の委託率と，専門里親の登録者数について，具体的な数値目標が掲げられ委託児童数の増加が目指された。しかしながら，専門里親や親族里親は未だ充分活用されているとはいいがたく，自治体間の差もみられる。

　虐待等により親の監護が困難な場合や不適当な場合の幼児に対する養子縁組みを配慮して，1988（昭和63）年に民法で特別養子制度が作られた。特別養子制度の条件は，①養親は夫婦であり，その両親が養親になること，②養親の一方は25歳以上。他方は20歳以上であること，③養子となるものが6歳未

満であること，④実の親の同意があること。虐待などがある場合は，同意は不要，⑤実の親による監督保護が著しく不適当で，子のため特に必要な時，家庭裁判所の審判により認められる。

（普通）養子制度において，養子は，生みの親である実の親と育ての親である養い親との2組の親をもつことになる。その結果，実の親やその親族から子育てへの干渉や扶養義務，相続などの問題が生じる場合があった。また，離縁が原則可能であるため立派に育てた後になって，養い親が養子から無視されるなど，養い親の立場が不安定であった。そこで，こうした紛争を防ぐとともに，実の親子関係と同じような養い親と養子の関係を築くことを目的に，特別養子制度は作られた。特別養子では，実の親と血が繋がっているという事実は消えないが，実の親との親子関係が切られ，養い親とだけ法律上の親子関係になる。子の利益のためになされた縁組みであるため基本的に離縁は認められていない。また，戸籍簿への記入の仕方は，普通養子は実の親と養い親の両方の親の名前が記入され，本人については，「養子（養女）」と書かれるのに対し，特別養子の場合は養い親だけが両親として記載され，本人については，養子ではない子どもと同じように「長男（長女）」と書かれる。

さらに，要保護児童の委託先として養育者の住居で要保護児童を養育する，小規模住居型児童養育事業（ファミリーホーム）が創設された。

4）施設養護

施設養護には，要保護児童に対し家庭に変わる環境を与え健全な育成を図り，自立を支援するために，養育と保護を行う居住型施設として乳児院と児童養護施設がある。1997（平成9）年改正では，これまでの養護施設から児童養護施設と名称変更され，養育・保護機能に自立支援が明確化された。2004（平成16）年改正では，乳児院では，特別に必要と認められる場合には6歳になるまでの幼児を養育することができる。また，児童養護施設でも乳児から養育可能となった。一般的に2歳の時に，乳児院から児童養護施設への措置変更が行われていたが，この2歳の年齢は分離不安が強く表れる時期であり，この年齢での機械的変更を避けることが目指されている。児童養護施設は，被虐待児の入所比率が高く，対応に苦慮しているとされる。2005年からは心理療法担当職員と，家庭支援専門相談員を常勤として配置できる体制になった。家庭的なニーズに対応する施設の小規模化やファミリーホームの創設など環境整備がなされた。年長児のケアと自立支援策の見直し，入所児童の権利擁護（施設内虐待の防止）のための規定が設けられた。

また，治療教育機能を兼ね備えた，情緒障害児短期治療施設（後述）や児童自立支援施設がある。配偶者のない女子（母）と子が分離されず生活できる母子生活自立支援施設もある（後述）。

(2) 非行児童の保護活動
1) 非行と養育環境の関連

　非行は，子ども家庭福祉の発展過程で，養護問題とともに課題とされてきた。明治時代後期以降，地震や冷害などが続き，戦争が繰り返された。また，経済発展の負の側面として貧富の格差が拡大した。これらによって，家庭を失い，あるいは家庭で適切に養育されない子どもたちが多く生み出された。このとき保護を必要とする子どもたちは，非行の問題を頻発させた。これに対応すべく創設されたのが，児童自立支援施設の前身となった感化院とされる。児童福祉法において，教護院として制度化され，1997（平成9）年改正により，児童自立支援施設と名称変更され，教育・保護機能に加え家庭環境の調整や対処後のフォローアップなど自立支援機能が明確化された。また，分校，分教室を設置し学校教育も実施されるようになった。

　第2次世界大戦直後の混乱期にも，多くの子どもたちが，命をつなぐために，あるいは荒れ果てた社会と人心を反映して非行の問題を頻発させた。この時期は，少年非行の「第一のピーク」とされる。昭和30年代半ばは，高度経済成長のゆがみが子どもと家庭に影響を与え，非行のグループ化などが話題となったり，「第二のピーク」とされ，昭和50年代後半は，校内暴力，暴走行為，万引きや自転車盗などの事案が増え，いわゆる「遊び型非行・初発型非行」という言葉が与えられ，非行の低年齢化が心配された「第三のピーク」に整理される。

　非行は，刑罰法令に触れる行為だけとは限らず，反倫理的または反社会的行為も含まれる。対象児童に，従来の不良行為をしたり，するおそれのある児童に加え，家庭環境その他の環境上の理由により生活指導を必要とする児童に拡大した。非行の原因は，児童自身の性格や行動傾向のみならず，虐待等の家庭環境，交友関係，思春期の不安定さなどさまざまな要因が絡んでいることが多く，児童自身へのはたらきかけと，家庭や地域など児童を取り巻く環境の調整というソーシャルワーク的な支援が必要となってくる。

2) 刑法における少年犯罪や非行の取り扱い

　20歳以上の成人の懲罰主義的な犯罪対策に対し，20歳未満の少年による非行の問題は，「少年の健全な育成を期し，性格の矯正及び環境の調整に関する保護処分を行うとともに，少年及び少年の福祉を害する成人の刑事事件について特別の措置を講ずること」を目的として，成人が行った違法行為への取り扱いとは別に，刑事司法上の手続きを規定した少年法，少年院法において取り扱われることになっている。具体的には少年法において，犯罪を犯した少年には，一般的に矯正教育と呼ばれる，性格の矯正及び環境の調整についての保護処分が行われる（第41条）。平成12（2000）年に少年法が改正され刑事罰適用年齢

**非行少年の定義
（少年法第3条）**

① 犯罪少年：20歳未満14歳以上で犯罪を行った少年。
② 触法少年：14歳未満で刑罰法令に触れる行為をした少年。
③ 虞（ぐ）犯少年：20歳未満で保護者の監督に服さない，家庭に寄りつかない，犯罪性のある人や不道徳な人と交際する，いかがわしい場所に出入りするなどの事由があり，将来，犯罪や刑罰法令に触れる行為を行う虞（おそれ）のある少年。

が16歳から14歳に引き下げられたことから、現在は罪を犯した14歳以上の少年は、すべて警察から少年法に基づき家庭裁判所に通告され、審判に付される。また16歳以上の少年が殺人等重大な犯罪を犯した場合、成人と同様に、原則として家庭裁判所から検察庁に戻し、刑事裁判を受けさせる措置が盛り込まれるなど、厳罰化されてきた。

しかしながら、14歳に満たない少年が刑罰法令に触れる行為を行った場合には、刑法が14歳未満の少年による行為を処罰の対象とはしていないため、児童福祉法上の「要保護児童」として児童相談所および児童自立支援施設において福祉的措置がとられることになっている。児童福祉法は児童の相談、調査、指導を規定しているが、児童の不良行為への処罰の規定はなく、その指導においても児童の行動の自由の制限、又は自由の強制的制限は一時保護等を除き原則行えないことになっている（第27条の3）。

そこで、特別に家庭裁判所の審判に付すべき少年として判断され児童相談所長から送致があった場合に限り、家庭裁判所の審判に付すこととされている。これは、児童相談所先議の原則という。

2 障害児・情緒障害児・母子家庭対策

（1）障害児への福祉的対応

障害児への支援は、明治時代より少数の民間篤志家により実施されてきた歴史がある。知的障害児の保護や指導の取り組みは、1891（明治24）年の濃尾大地震後、石井亮一が孤女学院を開設した際、引き取った孤児の中に知的障害児がいたことから、その後の知的障害児施設滝乃川学園が設立された。わが国最初の肢体不自由児施設としては、柏倉松蔵による柏学園が1921（大正10）年に東京都小石川区に設立された。柏学園は、教育と運動療法的な治療を行う点で肢体不自由教育の原型とされる。1932（昭和7）年に東京市立光明学校（肢体不自由養護学校）、1942（昭和17）年には、東京大学整形外科の高木憲次によりドイツのクリュッペルハイムという施設を参考に整肢療護園が設立された。高木は療育という考え方を提唱した。療育とは、治療の「療」と教育の「育」を組み合わせたものであり、障害や疾患のある子どもに対するサービスには、医療と教育の両方をバランスよく提供する必要性を意図している。さらに医学的治療と教育、職業相談から社会参加に至る総合的リハビリテーションに通じるものが伺われる。

戦後の混乱期に児童福祉法が制定されると、戦災孤児や浮浪児の緊急援護という時代の要請に応えながら養護施設兼精神薄弱児（知的障害児）施設として近江学園（1948）で知的障害児のケアと教育に着手する。その後重症心身障害児施設のびわ湖学園（1965）を設立するなど、法体系の未整備のなか知的障害

児への支援の開拓者とされる糸賀一雄の実践が注目される。糸賀は，知的障害児や重症心身障害児の支援を通して，重度・重複障害をもつ子どもであっても，すべての子どもが歩む発達の法則性から外れたものはなく，非常にわずかであっても，より良い姿になっていき，少しずつ良くなろうとする気持ちが芽生えている。この中に本当の教育や社会復帰の営みがあり，生命の揺さぶりがあると述べ，すべての人間が「発達保障」されるべきだとの考え方を提示した。今はまだ，不幸な夜明け前の闇の中におかれているこの子たちに，外から光を注ぎ込まねばならない。精神薄弱といわれる人たちを世の光たらしめることが学園の仕事である。精神薄弱な人たち自身の真実な生き方が世の光になるのであって，それを助ける私たち自身や世の中の人びとが，かえって人間の生命の真実に目覚め救われていくのだと。「この子らを世の光に」という言葉には，福祉や療育は，この子らを世の光の育て上げることにあるという意味が込められており，福祉の専門性を高める臨床家や療育者の目標が表現されている。また，日赤病院で，肢体不自由対策からスタートし重症心身障害児の療育に専念してきた小林提樹によっても重症心身障害児の療育施設「島田療育園」(1960)が建設された。

　障害児への支援は，児童福祉のみならず医療や母子保健，教育などの施策を活用し，できるだけ早い時期から適切な治療と訓練を行うことにより障害の軽減や生活能力が獲得されるという，将来の社会参加を視野に入れた支援が展開されている。かつては，18歳未満の障害児への福祉サービスは，児童福祉法に基づき，施設サービスを中心に援護・保護・指導が行われてきた。強度行動障害をもつ重度知的障害児や重複障害児の問題がクローズアップされ国立秩父学園(1958)や重症心身障害者施設(1967)が法定化されるなど施策は拡充していった。ノーマライゼーションの理念の浸透と国際障害者年(1980)を背景に，障害のある児童も健常児と同様に家庭や地域を基盤とした生活を支えるための，在宅サービスが整備されるようになってきた。

　2000(平成12)年の社会福祉事業法の改正にあわせ障害児への福祉サービスも措置から契約，選択して利用する仕組みに動き出す。2004(平成16)年の児童福祉法改正により，これまでサービスの支給決定が都道府県等を主体として行われていた障害をもつ子どもや子育て家庭への支援の仕組みは，市町村が障害の早期発見や相談支援にあたることになった。児童居宅介護事業や児童短期入所事業，児童デイサービス事業の在宅の障害児サービスは，利用制度になった。2005(平成17)年に障害者自立支援法が成立し，介護給付，訓練等給付，自立支援医療や補装具の給付からなる自立支援給付，地域生活支援事業に再編され，身体障害，知的障害，精神障害の障害種別にかかわらず，一元的で統合的な供給の仕組みが整備された。障害児の施設サービスも利用制度にかわった(2006年10月)。これにより，児童福祉法第7条の2において，障害児施設支

援について，知的障害児施設支援，知的障害児通園施設支援，盲ろうあ児施設支援，肢体不自由児施設支援及び重症心身障害児施設支援と規定している。

障害者自立支援法でも，障害児に対する必要な情報提供，相談，調査，指導が市町村の責務として規定されている（障害者自立支援法第2条第1項の2）。子どもの発達の状況に合わせて，医療，保健，福祉，教育等の専門職が連携して対応することが可能となるよう，地域自立支援協議会の設置も進められ，地域の実情に合わせた連携の仕組みを整備していくことが求められている。

これまで自閉症等の発達障害については，知的障害福祉施策の中でサービスが提供されており，自閉症児施設は児童福祉施設の中に位置づけられ支援は行われてきた。さらに必要に応じ特別支援教育や精神保健福祉施策でも対応されてきた。しかしながら，知的発達の遅れを伴わない発達障害については人口に占める割合が高いにもかかわらず，法的な位置づけが不明確で，地域における支援体制が不十分であり，家族が大きな不安を抱える状況にあったことから，発達障害者支援法が2005（平成17）年4月より施行された。国や地方公共団体の責務を明確化し，早期発見・早期療育，乳幼児から成人期までの地域における一貫した支援体制の整備，専門家の確保と関係機関の連携による支援体制の整備，発達障害への理解促進などが目指されている。

> **発達障害児者の定義**
> 法律に，発達障害の定義と法的な位置づけを明確にし，乳幼児期から成人期までの一貫した支援体制の整備専門化の確保と関係者の連携を図ることが規定された。発達障害とは，自閉症，アスペルガー症候群その他の広汎性発達障害，学習障害，注意欠陥多動性障害その他これに類する脳機能の障害で，通常低年齢に発現する障害と定義されている（発達障害者支援法第2条）。

（2）情緒障害児への対応
1）情緒障害という語の意味

「情緒障害」という言葉は，Emotion Disturbance（情緒の混乱）を訳したもので，情緒を適切に表出したり抑制することができないことを指す。つまり，「情緒障害」とは，家庭，学校等での人間関係が原因となって，恐れ，喜びなどの基本的な感情や行動，生理面などの不安定な状態が，一過的・可逆的に表れる状態をいう。このような状態にある児童は，些細なことにすぐカッとなったり，衝動的であったり，登校拒否や家では普通に口をきくが学校では口をきかないというような不適応行動を表す。しかし知的障害や，精神病，脳器質障害等を主因とした不適応行動をとる児童は含まない。

一方，特殊教育の分野では，自閉症を情緒障害として教育が行われてきた歴史もあり，情緒障害の意味が未整理なまま使用されてきた経緯がある。その結果，言葉の意味が十分吟味されず使用されている現状がある。

2）情緒障害児への支援

情緒障害という言葉の社会福祉領域での使用は，1961（昭和36）年に児童福祉施設に情緒障害児短期治療施設（児童福祉法第43条の5）が加えられたことに由来する。この情緒障害児短期治療施設は，軽度の情緒障害を有する児童を，短期間，入所させ，または，保護者のもとから通わせて，その情緒障害を治す

> **情緒障害児短期治療施設**
> 情緒障害児短期治療施設は，2006（平成19）年10月1日現在，全国で31施設（公立12，私立19，定員1,484人）が設置されている。利用児は，設置当時は年少の非行時，その後，不登校児童の利用が多かったが，近年は被虐待児童の占める割合が増加傾向にある。

ことを目的とした施設と規定されている。この施設は，アメリカで1920年代より設置されている宿泊制情緒障害施設をモデルにしたものとされ，当初，乱暴，軽度の非行などの心因性の反社会的行動を表す年少の児童を，短期間家庭から分離して，臨床心理学的な療法を実施し心の安定を図り，早期に問題を改善し，家庭に返すことを目的とする施設として設置された。

近年の子育て環境の変化と情緒障害という語の曖昧さから，虐待等不適切な養育環境などに起因して引き起こされる，慢性的な不安やおびえ，抑圧，愛着障害，自信や自己肯定感の欠如などの情緒的問題や，指しゃぶりや爪噛みなどの習癖，喘息，心身症状，摂食障害，睡眠障害などの身体に現れる症状，また自傷，自殺企図，不登校，ひきこもり家庭内暴力など非社会的行動に至るものも情緒障害とされ支援の対象が拡大していった。

施設においては，1994年からは，情緒障害児を含む家族全体への心理療法を行うことにより，家族機能の回復と児童の生活環境の調整を図る家族療法が実施されている。1998（平成10）年の改正においてこれまで，概ね12歳未満とされていた年齢要件を撤廃し，入所期間も満20歳まで延長できることとなった。2004（平成16）年改正では，退所した者についての援助を位置づけた。

(3) 母子家庭対策
1) 母子家庭支援策

母子家庭は一般的に社会的・経済的なハンディを背負っていることが多く，精神的にも，経済的にも不安定な状態におかれる。その結果，その家庭の児童の健全な育成のためにはさまざまな配慮が必要とされる。このため，母子家庭においては，児童のために必要な保護，指導が行われるのと同時に，母親に対しては，自らが健康で文化的な生活を営みつつ，その養育責任を遂行できるように必要な援助が行われてきている。

第2次世界大戦後の不安定な社会情勢のもと，戦争で夫や父を亡くした母子家庭の遺族援護策として1953年に「母子福祉資金の貸し付けに関する法律」が施行され所得保障の制度としてスタートした。その後1934年の「国民年金法」の施行にともない，死別母子世帯に対し母子年金，母子福祉年金が支給された。また生別母子世帯に対しては，1962年に「児童扶養手当制度」が創設された。しかしながら，これら母子家庭に対する支援は，前述の所得保障制度では十分とはいかず，母子生活の安定と自立の促進のためには総合的な施策が必要であることから1964年に母子福祉法が制定された。さらに，かつて母子家庭の母であった者が，その子が20歳になったのを機に母子福祉法の対象外となっていたのを，寡婦として対象にすることを明記したことから，1981年に母子及び寡婦福祉法へと改正された。

自立援助を目指した母子家庭等に対する福祉の措置として，経済的自立と生

活意欲の向上のため都道府県により，母子福祉資金の貸し付けが行われている。母子家庭の母および児童の雇用促進，住宅確保のための公的住宅優先入居，母子福祉施設の設置，母子家庭や寡婦に対する居宅における日常生活支援などが実施されている。従来の母子家庭の相談や指導に従事してきた母子相談員（社会的信望があり，熱意と識見を持つもの者のうちから都道府県知事により委嘱された者）は，2002年から名称を母子自立支援員に改め，求職活動に関する支援や職業能力の支援が追加された。子育てと生計の維持を一人で担わなければならない母子家庭の母の経済的自立にとって，就業支援は重要とされ，2003年に，母子家庭の母の就業の支援に関する特別措置法が制定され，都道府県・指定都市・中核市において，就業相談・就業支援講習会の実施，就職情報の提供等を行う母子家庭等就業・自立支援センター事業を実施している。さらに2008年には在宅就業推進事業を追加した。

2）母子生活支援施設

　母子生活支援施設の前身となる母子寮は，世界大恐慌（1929）後の社会不安の中，1932（昭和7）年に施行された「救護法」において初めて法律上に位置づけられ，その後1938（昭和13）年，厚生省の設置と同年に施行された「母子保護法」に規定された施設で貧困を入所の要件にしていた。第2次世界大戦後は，戦争による住宅の損壊，夫の戦災死による死別母子家庭が多いことから，まず，母子の寝る場所や生活する場所の確保が社会的課題であった。

　すべての児童の健全育成のための養育責任を考慮にいれ，母子寮は，児童福祉施設として位置づけることになる。そのため貧困であることだけを施設利用の要件としていない。終戦直後の母子家庭対策として大きな役割を担いながら，時代の変化とともに，支援の対象者が，生別母子家庭の増加にともない配偶者からの暴力（DV（ドメスティック・バイオレンス）），借金問題など，多様な生活課題に対応するようになってきた。1997（平成9）年の児童福祉法改正により，単に母子家庭に住居を提供し，これらの者を保護するだけにとどまらず，母子家庭の自立とその生活を支援していくよう機能強化（就労支援）が図られ，母子生活支援施設と名称変更された。利用者には，夫の暴力（DV）から逃れるために家出をしている母と子の入所が多く，母子の安全確保と心のケアが課題となっている。

3　児童の健全育成活動・母子保健施策

(1) 児童の健全育成活動の意義

　児童の健全育成施策においては，前節に記した，要保護児童や障害児など特別なニーズを有する一部の児童のための各種施策に対し，次代の担い手である

すべての児童を対象として，心身ともに健全に育成されるため，児童の生活の場である家庭への相談，児童の遊び場の確保や人間関係の礎の場となる地域における子育ての環境の整備が図られている。まず，児童の遊びの場としての児童厚生施設は整備されている。その中で児童館は児童の健全育成の拠点として活用されてきたが，今後，中高生の居場所，異年齢時の交流の場として，あるいは子育てに関する世代間伝承が減少していく中，子育てに取り組む保護者の孤立化を防ぐためにも，工夫した利用が期待されている。児童館のない地域でボランティアとして実施され始めた小学校入学後の児童の放課後の保護と健全育成活動は，1976年から児童育成クラブとして公的援助が実施され，さらに1991年に放課後児童対策事業として内容が改善され，1997年の児童福祉法改正で放課後児童健全育成事業として社会福祉事業として位置づけられている。2008（平成20）年5月現在の放課後児童健全育成事業の実施状況は，全国で17,583カ所，児童数約79万人である。

また，子育て環境整備のための地域組織化活動として，児童と母親たちの積極的参加による活動として，子ども会や母親クラブ等が挙げられる。子ども会では，小地域のすべての児童が健全に育成されることを目標に組織化され，遊びを主体に，社会奉仕，文化，レクリエーションなどの活動が実施されている。母親クラブ，親の会などの親による育成活動は，近隣の母親などが，話し合いや研修によって児童養育についての知識や技術を高め，家庭や地域で実践することで，児童の健全な育成を図っていく。これらの地域活動は，地域全体で児童を育成する体制を確立するうえで効果的である。

> **児童厚生施設**
> 児童にとって，自発的・創造的活動としての遊びは，心身の健全な発達を図るうえで大きな影響を及ぼすことから，児童の遊び場の設置普及が重要とされ児童福祉施設のひとつに位置づけられている（第2種社会福祉事業）。児童厚生施設には，児童館や児童遊園など児童に健全な遊びの場を与えて，その健康を増進し，またはその情操を豊かにすることを目的とする施設である。

> **放課後児童健全育成事業**
> 女性の就労が一般化するにつれ，小学校に入学した児童の放課後の健全育成に対する支援が必要とされ，小学校に就学しているおおむね10歳未満の児童であって，その保護者が労働等により昼間家にいない者を対象に，授業の終了後に児童厚生施設などの施設を利用して適切な遊びや生活の場を与えて，その健全な育成を図るものとして，1997（平成9）年の児童福祉法の改正により，第2種社会福祉事業に位置づけられた。

(2) 母子保健

1) 母子保健法の成立

わが国の母子保健対策は，戦前は1937（昭和12）年の保健所法において，妊産婦と乳幼児の保健指導が行政的取り組みとしてはじめられた。戦時中は国民の体力向上策として妊産婦保護手帳の交付や粉ミルクなどの配給が行われていた。戦後は，1947（昭和22）年制定の児童福祉法や保健所法，母子保健対策要綱に基づいて行われてきた。母子保健法が制定された1965（昭和40）年当時は，妊産婦死亡率の地域格差が大きく，諸外国と比べても乳児の死亡率は高率であったため，妊産婦や乳幼児の疾病の予防，乳児死亡率の減少を目標にした母子保健対策を強力に推進することが課題とされた。さらに妊産婦と乳児を対象とする母子保健からさらに対象を広げ妊産婦になる前段階の女性の健康管理を含めた総合的な母子保健制度として推進されることになった。

2) 母子保健サービス

母子保健法は，「母性並びに乳児及び幼児の健康の保持及び増進を図るため，

母子保健に関する原理を明らかにするとともに，母性並びに乳児及び幼児に対する保健指導，健康診査，医療その他の措置を講じ，もつて国民保健の向上に寄与すること」を法の目的としている（第1条）。

市町村は，母子保健にかかわる多くのサービスを受けもっている。妊娠した者は，速やかに市町村長等に妊娠の届け出をしなければならない（第15条）。そして市町村は，妊娠の届出をした者に対し，母子健康手帳の交付を行う（第16条）。母子健康手帳には，妊娠，出産および育児に関する注意事項，妊娠中から6歳までの一貫した健康記録であり，その後の保健指導の基礎となる。

乳幼児期は発達がいちじるしいこと，発達の臨海期が存在することが特徴として挙げられる。そのため乳幼児期に身体発育，精神発達の面について健康診査を行い，発達の遅れあるいは障害を早期に発見し，適切な指導を行い，障害の進行を未然に防止することを目的に，乳幼児健康診査，1歳6か月児健康診査，3歳児健康診査が実施されている。地域保健対策強化のための関係法律整備に関する法律（地域保健法）が1994（平成6）年に公布され，住民に身近で頻度の高い保健サービスは，市町村において一元的かつきめ細やかな対応が図られることとなり，これまで都道府県等が実施していた母子保健事業は，原則として市町村に移譲された。このため，1994（平成6）年に母子保健法が改正され，1歳6か月児健康診査が法制化され，3歳児健康診査も，1997（平成9）年4月から市町村において実施が義務づけられ（第12条），母子保健業務における市町村の役割が強化されることとなった。また，妊産婦健康診査は医療機関に委託して行われるものであるが，近年，高齢やストレスを抱える妊婦が増加傾向にあり，また，就業等の理由で健康診査を受信しない妊婦も見られることから健康診査の必要性が高まり，市町村に置いて公費負担の拡充が図られている。妊産婦死亡率の高い地域，妊娠中毒症の多発地域等母子保健の向上を図るうえで健康診査を行う必要がある市町村は，地域の実情に応じて健康診査を実施することになっている。またB型肝炎ウイルスの妊婦を血液検査の結果から発見し適切な指導を行うB型肝炎母子感染防止事業等も地域の実情に応じて実施することになっている。

また，母子保健の向上に関する措置として，母性または乳児もしくは幼児の健康の保持及び増進のため，妊娠，出産または育児に関し，相談に応じ，個別的または集団的に必要な指導や助言を行うなど，都道府県及び市町村に母子保健に関する知識の普及に努めるよう規定している（第9条）。また，市町村が必要と認めた場合には，妊産婦及び乳幼児の保護者に対し，妊娠，出産，育児に関する事項を指導し，妊娠中毒症，未熟児出生や障害の予防を図るよう定められている（第10条）。前述の健康診査の結果，リスクが認められた母子には，医師や保健師あるいは助産師等による保健指導が行われることになっている。

新生児の育児については，発育，栄養，衣服，生活環境，疾病予防等に関す

る新生児訪問指導（第11条），妊娠中毒症等の予防と早期発見のための妊産婦訪問指導（第17条），未熟児の訪問指導（第19条）が地域の実情に応じて市町村により実施されている。この訪問指導は，新生児が28日を経過しても引き続き指導する必要がある場合や，未熟児が正常児としての機能を得た後も，必要がある場合は，さらに継続して訪問指導をすることになっている。

また，保健所の業務としては，低出生体重児（2,500g未満）の届け出を保護者から受理し，養育上必要がある場合は保健師などが家庭訪問を行っている。また，小児慢性特定疾患にかかっている児童に対する訪問を行い，家庭看護や福祉制度の紹介などの指導を行っている。医療の給付としては，医師が入院養育の必要を認めた極低体重や生活力薄弱の未熟児には，生後速やかに適切な処置が必要であることから医療機関に収容して医療給付（養育医療）を行う。小児の慢性疾患は，治療が長期にわたり医療費の負担も高額となり，児童の健全な育成を阻害する要因でもあるので，これらの疾患の医療費は小児慢性特定疾患治療研究事業として公費負担されてきた。この事業は法律上の根拠のない予算事業として継続されてきたため，次世代育成支援の観点から安定的な事業とするため児童福祉法（2005）に根拠をもつ事業と位置づけられた。

さらに，母子保健の基盤整備事業として，家族計画と思春期保健，生涯を通じた女性の健康づくりとしての健康教育，乳幼児突然死症候群対策，食育の推進，体外受精や顕微授精等の生殖補助医療や不妊治療に対する経済的支援，子どもの心の問題への医学的対応などが取り組まれている。

近年の出生率の低下や女性の社会進出という社会的背景を踏まえ，子どもが健やかに生まれ育つための環境づくりと心の健康が重視されるようになり，これから母親，父親になる可能性のある思春期の保健対策と保健教育が健全母性育成事業として1989（平成元）年より実施されるようになってきた。2001（平成13）年に「健やか親子21」がスタートした。母子保健サービスは，福祉，医療，教育，雇用等，他のさまざまな領域と深くかかわっている。今後は，地域ぐるみで母子保健を支えていくシステムの構築が目指されねばならない。

4　最近の児童・家庭福祉対策の動向

（1）子育て支援策

少子化の進行により，人口の高齢化が進み，世代間連帯により支えられてきた社会保障制度の維持可能性が危ぶまれている。少子化問題に焦点が向けられたのは，1989（平成元）年の合計特殊出生率が過去最低を記録し「1.57ショック」と報じられたことに由来する。そして，1994年に最初の少子化対策の計画として，「今後の子育て支援のための施策の基本的な方向について（エンゼルプラン）」が策定され，その具体的な取り組みとして，「緊急保育対策等5か

健やか親子21
「健やか親子21」は，21世紀の母子保健における取り組みの課題について，国民をはじめ，関係機関・団体が一体となって行う国民運動計画である。4つの主要課題として，「思春期の保健対策の強化と健康教育の推進」「妊娠・出産に関する安全性と快適さの確保と不妊への支援」「小児保健医療水準を維持・向上させるための環境整備」「子どもの心の安らかな発達の促進と育児不安の軽減」が掲げられ，平成13（2001）年から平成22（2010）年にわたる10年間の目標値を61項目にわたり設定し，計画された。その範囲は母子に限定されず父親や祖父母wpを含むものである。都道府県・市町村の次世代育成支援改革と連携するため，2014年まで延長された。中間評価の報告書では，児童・生徒における肥満児の割合の減少，う歯（うし：虫歯のこと）のない3歳児の割合，食育の取り組みを推進している地方公共団体の割合等が新たな課題として加えられ見直された。

年事業」が実施された。今日におけるわが国の経済成長を支えるひとつの要因とされる女性の社会進出による女性労働力の質的量的な増大を背景に，夫婦共働き家庭は一般化し，保育ニーズは増加し続けた。女性労働における職種の多様化や通勤距離の遠距離化，勤務時間帯や勤務形態など多様化する保育ニーズに対応するべく，低年齢児保育や延長保育，一次保育，放課後児童クラブ，障害児保育など特別保育事業の充実が図られた。さらに新エンゼルプラン（1999）を策定し，これまでの保育サービスの充実のみならず，雇用，母子保健，教育等の事業等関連施策にも拡大した。しかしながら，少子化の進展そのものには歯止めがかからなかった。与野党ともに少子化対策に関する基本法制定の機運が高まり，少子化対策基本法（2003）と次世代育成支援対策推進法が成立した。少子化社会における施策の基本理念を定めた少子化対策大綱に基づき2004年に，その後の5カ年計画として「子ども・子育て応援プラン」は策定された。これは新エンゼルプランの改定と位置づけられる。国・地方公共団体・事業主に仕事と子育ての両立の推進を視点に入れた行動計画の策定と取り組みが求められ，社会全体の意識改革が目指されている。これにも予想を超えるスピードで進行する少子化に対し，「社会保障審議会人口構造の変化に関する特別部会」の議論より，わが国の人口構造の変化を展望した戦略的対応が必要との認識から，さらに「『子どもと家族を応援する日本』重点戦略」が政府によりまとめられている。これは，人口減少下の持続的な経済発展の基盤として，若者や女性，高齢者の労働市場への参加と，国民の希望する結婚や出産，子育ての実現のために，働き方の見直しによる生活の調和・包括的な次世代育成の枠組みの構築が，車の両輪として必要とされる。平成20年4月からはすべての子どもを対象にした一時預かり，乳児家庭全戸訪問事業，家庭的保育事業（保育ママ（22年施行））等新たな子育て支援サービスが法律上位置づけられるとともに，次世代育成支援対策法で事業主の行動計画の策定・届出義務の拡大などの取組みが促進された。

> **子ども・子育て応援プラン**
> 「次世代育成支援対策推進法」と少子化対策基本法の具体的な施策内容と目標を提示し10年後の目指すべき社会が展望できるように示した。「子どもが健康に育つ社会」「子どもを生み，育てることに喜びを感じることのできる社会」への転換を目指し，① 若者の自立とたくましい子どもの育ち，② 仕事と家庭の両立支援と働き方の見直し，③ 生命の大切さ，家庭の役割についての理解，④ 子育ての新たな支え合いと連帯を4つの重点課題としている。

（2）児童手当と子ども手当

児童の養育者に児童手当を支給することにより，家庭における生活の安定に寄与するとともに，時代の社会を担う児童の健全な育成と資質の向上に資することを目的として，児童手当法は，1971（昭和46）年5月に制定された。当初は義務教育修了前の第3子以降を対象に月額3,000円を支給する制度としてスタートし，数度の制度改正を経て手当額の増額，支給対象の拡大が図られ，3歳未満の児童の養育者に対する児童手当と，3歳以上小学校終了前の児童の養育者や，所得限度額を超える養育者に対しては，児童手当に相当する特例給付として支給されてきた。

少子化が進展する中で，安心して子育てができる環境を整備することが喫緊

> **子ども手当**
> 子ども手当は民主党が2009年の衆院選時の政権公約に掲げた政策であるが，財源への不安や，支給対象に対する異論もあり，政府は制度の枠組みを練り直す方針で2011年度以降を対象とした法案を提出する予定にしている。また子ども手当よりも保育施設の充実などを行うべきだと指摘もあり，児童を養育する家庭への支援をどのように行っていくかは，政府の少子化対策のひとつの課題とされている。

の課題とされ、「平成22年度における子ども手当の支給に関する法律」が成立し2010（平成22）年4月1日から施行された。制度の内容は、父母等の子どもの養育者に、中学校修了までの子ども一人につき、月額13,000円（所得制限なし）の子ども手当が支給される。翌年度以降には満額の26,000円に引き上げる予定とされている。支給等の事務は、居住地の市区町村が行い、公務員については所属庁が事務を取り扱う。

(3) 高校授業料無償化

　家庭の状況にかかわらず、すべての意志ある高校生等が安心して勉学に打ち込める社会をつくるため、公立高等学校（全日制、定時制、通信制）の授業料無償化制度と、国立・私立高校等の生徒の授業料に充てる高等学校等就学支援金制度が平成22年度4月1日から施行された。公立高等学校の授業料は原則的に無償となり授業料は徴収されない。ただし入学金、教科書代や修学旅行費等、授業料以外の学費は無償とはならない。高等学校等就学支援金制度の対象となる国立・私立高等学校に在学する生徒に対しては、月額9,900円（年額118,800円）を限度として支給される（公立高校生が負担軽減される額と同額）。就学支援金は、学校が、生徒本人に代わって受け取り、その授業料に充てることになる。

　なお、学校の授業料と就学支援金の差額については、生徒本人（保護者）が負担する必要が生じる（公立高等学校に係る授業料の不徴収及び高等学校等就学支援金の支給に関する法律（平成22年3月31日法律第18号））。

　わが国の児童家庭福祉制度は、戦後の復興期における児童福祉法成立当時は、要保護児童、非行児童の保護活動を原点としてスタートし、昭和30年代になると障害児、母子家庭などへ対策を拡大した。さらに急激な都市化や工業化の伸展による社会病理現象に対応するため、すべての児童を対象とした健全育成活動が重視されるとともに母子保健施策も展開されるようになってきた。また出生率の低下に伴う少子化の進行、児童や家庭を巡る時代のニーズに対応して、すべての子どもの子育て支援へとその幅を広げてきている。

参考文献
京極高宣監修／小田兼三ほか編『現代福祉学レキシコン』雄山閣出版、1993年
『厚生労働白書』各年版
『国民の衛生の動向』厚生統計協会、Vol. 56、No. 12、2009年
『国民の福祉の動向』厚生統計協会、Vol. 56、No. 12、2009年
桑原洋子『社会福祉法制要説　第4版』有斐閣、2003年
『社会保障の手引き（平成22年1月改訂）』中央法規、2010年

> **プロムナード**
>
> 　学校教育のシステムにおいて障害をもつ児童の教育は，普通教育に対し，特殊教育・障害児教育という2分法的な対応がなされてきました。ユネスコは，「特別ニーズ教育世界会議」においてサラマンカ声明（1994）を発表して，万人のための教育という標語のもとインクルージョン（Inclusion）と特別ニーズ教育（Special Needs Education）という新しい考え方を示しました。これまでの狭義の障害児のみならず，学習困難，広汎性発達障害，不登校・不適応，いじめ，被虐待，養護問題，移民や外国人の子ども，帰国子女など特別な教育的配慮を必要とするすべての子どもを視野に入れた取り組みであり，通常教育と障害児教育の連携・協働のもと，すべての子どもの学ぶ場において，子どもの多様な困難・ニーズへ対応して発達を支援することが目指されています。この国際的動向を受け，わが国においても特別支援教育が制度化されましたが，養護問題，非行，被虐待，いじめ，不登校・不適応，学習困難，障害，病気療養など複雑で深刻な問題をかかえた子どもの周囲の生活と発達を支える支援としてソーシャルワークはさらに重要な役割を担わなければならないと考えます。

学びを深めるために

牧里毎治・山野則子『児童福祉の地域ネットワーク』相川書房，2009年
　　昨今の複雑，多様化した子どもの問題への対応策として従来からの児童福祉の専門機関の取り組みのみならず，地域ネットワークの構築による協働という視点を学ぶことができる。

西沢哲ほか『子どもたちのいま』星和書店，2001年
　　虐待，家庭内暴力，不登校など，子どもたちをめぐるさまざまな問題について著された論文，および対談により子ども臨床の奥深さを感じることができる。子供や家庭への心理治療的な係わりに関心をもつ人は一読を勧める。

　あなたの暮らす街における子育て環境，支援の仕組みに眼を向けてみましょう。

福祉の仕事に関する案内書

鈴木真理子『ソーシャルワーカーという生き方』中央法規，2010年

第4章

児童・家庭福祉に関する法制度

1　児童・家庭福祉のための法体系

(1) 児童福祉の法体系

児童福祉に関わる基本的な法律を一般的に児童福祉六法という。六法とは，児童福祉法，児童扶養手当法，特別児童扶養手当法等の支給に関する法律，母子及び寡婦福祉法，母子保健法，児童手当法の6つをさす。以下，成立順にみていく。

(2) 児童福祉法

児童福祉法は，1947（昭和22）年12月に制定され，翌年1月から施行された。児童・家庭福祉の最も基本となる法律で，その第1条から第3条では，児童福祉の理念や原理を定めている。

児童福祉法に規定されている機関や専門職には，児童福祉審議会，児童相談所，福祉事務所，保健所，児童福祉司，保育士，児童委員などがある。

また，福祉の措置および保障に関して，療育の給付，要保護児童（要保護児童，要保育児童，障害のある子どもなど）の保護措置（施設入所，里親，保護者の同意を要しない保護措置など），在宅福祉サービス（放課後児童健全育成事業，児童自立生活援助事業，乳児家庭全戸訪問事業，養育支援訪問事業，地域子育て支援拠点事業，一時預かり事業など），禁止行為（子どもに対して大人がしてはいけない行為。労働の制限や性的な問題などを中心に規定されている）などが定められている（詳しくは第5章）。

> 児童福祉司
> ⇒10章6ページ

> 放課後児童健全育成事業
> ⇒47ページ

(3) その他の児童福祉を支える法律

1) 児童扶養手当法

児童扶養手当法は，1961（昭和36）年11月に制定され，翌年1月から施行された。この法律は，父母の離婚などにより，父または母と生計を同じくしていない児童や，父または母が一定の障害のある児童を育てている家庭に対し，生活の安定と自立の促進，児童の福祉の増進を図るために支給する児童手当について規定している。この法律における児童とは，18歳に達する日以後の最初の3月31日までの間にある者または20歳未満で政令で定める程度の障害の状態にある者をいう。同法の改正により，2010（平成22）年8月より父子家庭も児童手当の対象となった。

2) 特別児童扶養手当等の支給に関する法律

特別児童扶養手当等の支給に関する法律は，1964（昭和39）年7月に制定され，同年9月から施行された。この法律は，精神または身体に障害を有する者の福祉の増進を図るための金銭給付を定めるもので，一般には，特別児童扶養

手当法と呼ばれている。1974年の改正で，20歳未満の子どもを対象とした特別児童扶養手当および障害児福祉手当，20歳以上の者を対象とした特別障害者手当の3種類の支給が定められた。

3) 母子及び寡婦福祉法

母子及び寡婦福祉法は，1964（昭和39）年7月に母子福祉法として制定・施行され，1981（昭和56）年6月の改正により，母子家庭に加え，母子家庭の母であった寡婦に対しても福祉の措置がとられるよう規定されたものである。このことにより，従来の母子福祉法は母子及び寡婦福祉法に名称が改められた（1982（昭和57）年4月施行）。この法律は，母子および寡婦を対象にした法律で，各種の施策が講じられている。具体的には母子（寡婦）福祉資金の貸付，母子相談員による生活相談，母子家庭（寡婦）介護人派遣事業，売店等の設置の優先許可，公益住宅入居に関する特別配慮，母子家庭の母および児童の雇用の促進などが規定されている。その他の対象として，死別母子世帯を対象とした遺族基礎年金や遺族年金制度，生別世帯を対象とした児童扶養手当，その他税制上の配慮，施設サービスとして，母子生活支援施設における生活支援などがある。

また，本法の2002（平成14）年の改正により父子家庭が日常生活支援事業の対象とされた（詳しくは第6章）。

4) 母子保健法

母子保健法は，1965（昭和40）年8月に制定され，翌年1月から施行された。母子保健は母性と子どもの健康を守り，それを保持し増進を図ることを目的としている。保健指導，健康診査，母子健康手帳の交付，医療援護等の母子保健対策について定めた法律である。1994（平成6）年から，専門事業を除く健康診査等の基本的サービスの提供は市町村に一元化された。

なお，今日の母子保健は，「健やか親子21」（2000（平成12）年）という国民運動計画のもとに展開されている。

> **健やか親子21**
> ⇒49ページ

5) 児童手当法

児童手当法は，1971（昭和46）年5月に制定され，翌年1月から施行された。児童を養育する者に支給することによって，家庭における生活の安定と次代の社会を担う児童の健全育成および資質の向上に資することを目的としている。

制度創設当初は，18歳未満の者を3人以上養育している者で，第3子が義務教育終了前の場合に，第3子以降を対象とするものであった。その後何度か改正され，第1子から支給対象となり，小学校6年生修了までの支給期間となった。

なお,「平成22年度における子ども手当の支給に関する法律」が2010（平成22）年3月16日に衆議院本会議で，同月26日には参議院本会議で可決され，同年4月1日より施行されている。同法の成立により，子ども手当として2010（平成22）年度は中学校卒業まで子ども1人あたり，13,000円が所得制限なしでその保護者に対して支給されている（詳しくは本章4）。また，児童手当は廃止されず，2010年度の子ども手当は，その一部として児童手当法に基づく児童手当を支給する仕組みとされ，その分の費用については，同法に基づき，国，地方，事業主が負担することになった。[1]

6）次世代育成支援対策推進法

次世代育成支援対策推進法は，すべての都道府県，市町村および300人を超える従業員を雇用する事業所の事業主に対して，2005（平成17）年度から5年を一期として，地域における子育て支援サービスの整備目標を盛り込んだ「次世代育成支援地域行動計画」の策定の義務を定めたものである。

(4) その他の関連法

1）児童買春禁止法

正式名称は「児童買春，児童ポルノに係る行為等の処罰及び児童の保護等に関する法律」である。この法律は1999（平成11）年5月に公布され，同年11月から施行されている。また，本法は，2004（平成16）年6月に改正されている。同法は児童に対する性的搾取および性的虐待が児童の権利をいちじるしく侵害することの重大性にかんがみ，あわせて児童の権利の擁護に関する国際的動向を踏まえ，児童買春，児童ポルノに係る行為等を処罰するとともに，これらの行為等により心身に有害な影響を受けた児童の保護のための措置等を定め，児童の権利の擁護を目指す内容となっている。

2）児童虐待防止法

正式名称は「児童虐待の防止等に関する法律」である。深刻化する児童虐待防止のため，2000（平成12）年11月に施行された。この法律では，虐待の定義のほか，虐待の禁止，虐待の防止に関する国および地方公共団体の責務，虐待を受けた子どもの保護のための措置などを規定している。2007（平成19）年5月には，法律の目的に「児童の権利利益の擁護に資すること」を明記し，行政の権限をさらに強めた「児童虐待の防止等に関する法律及び児童福祉法の一部を改正する法律」が成立し，2008（平成20）年4月から施行されている。

3）少年法

少年法は，20歳未満の非行や罪を犯した少年の保護・育成を主眼として

次世代育成支援地域行動計画
次世代育成支援対策推進法の行動計画策定指針に基づくもので，市町村行動計画と都道府県行動計画の2つがある。行動計画は常に地域住民の意見の反映，計画の内容・実施状況の公表を通じ，次代の社会を担う子どもの健やかな成長を支援するものである。

1948（昭和23）年に公布，翌1949（昭和24）年に施行された。同法には，審判に付すべき少年，調査や審判などの手続き，保護処分などに関する規定が設けられている。2008（平成20）年6月11日「少年法の一部を改正する法律」が成立し，同年12月15日から施行されている。改正の主な内容は「被害者等による少年審判の傍聴制度の創設」，「被害者等に対する説明制度の創設」，「被害者等による記録の閲覧・謄写」，「意見聴取の対象者の範囲の拡大」等である。

4）ドメスティック・バイオレンス（DV）防止法

正式名称は「配偶者からの暴力の防止及び被害者の保護に関する法律」である。同法は2001（平成13）年4月に成立し，同年10月から一部施行され，2002（平成14）年4月から完全実施され，3年後の2004（平成16）年に改正，施行された法律である。この法律は，夫からの暴力を「犯罪となる行為」だと規定し，暴力と女性への人権侵害の根絶を図るために，保護命令制度の導入，婦人相談所や婦人相談員の位置づけや，関係機関相互の連携協力の義務づけなど，被害女性救済とともに自立支援を行うことを明確にしている。

5）育児・介護休業法

正式名称は「育児休業，介護休業等育児又は家族介護を行う労働者の福祉に関する法律」である。この法律の目的は，子の養育，家族の介護を容易にするため勤務時間などに関し事業主が講ずべき措置を定め，また，育児・介護をする労働者の雇用の継続および再就職の促進を図ることによって職業生活と家庭生活の両立に寄与することにある。1995（平成7）年に従来の「育児休業に関する法律」を改正し，新たな介護休業制度を創設して改称された。2009（平成21）年には，子育てや家族の介護をしながら働き続けることができる雇用環境を整えることを趣旨として，同法が一部改正された。主な改正点は，3歳までの子を養育する労働者について，短時間勤務制度を設けることを事業主の義務とすること，父母がともに育児休業を取得する場合の休業取得可能期間を延長すること，介護のための短期の休暇制度を創設することである。

6）発達障害者支援法および障害者自立支援法

発達障害者支援法は，2004（平成16）年12月に制定され，2005（平成17）年4月に施行された。発達障害者支援法では発達障害を，「自閉症，アスペルガー症候群，学習障害，注意欠陥多動性障害その他これに類する脳機能の障害であってその症状が通常低年齢において発現するもの」と定義している。この法律は発達障害を早期に発見し，発達障害者の自立や社会参加に資するよう生活全般にわたる支援を図ることにより，その福祉の増進に寄与することを目的としている。

アスペルガー症候群
知的な発達の遅れを伴わない高機能広汎性発達障害である。発達に応じた仲間関係の難しさ，他者との共有体験の乏しさ，こだわり，反復等，社会性，コミュニケーション，想像力等における障害が見られる。

また、2005（平成17）年10月には、障害者自立支援法が成立し、一部を除き2006（平成18）年から施行された。この法律は障害者や障害児がもっている能力と適性に応じ、自立した生活、社会生活を営むことができるような必要な障害者福祉サービスの給付などの支援を行うこととなった。

2 児童・家庭福祉のための実施体制

(1) 行政機関と関連機関

1) 国および地方公共団体

国において福祉行政を担当しているのは厚生労働省である。その中で、子ども家庭福祉は雇用均等・児童家庭局が担当する。雇用均等・児童家庭局では、子ども家庭福祉に関する総合的企画立案、予算配分、地方行政の支援などを行っている。

また、都道府県および政令指定都市は、都道府県内の子ども家庭福祉に関する企画、児童相談所や福祉事務所、保健所など関係行政機関の設置・運営、児童福祉施設の設置認可、保育所を除く児童福祉施設への入所決定、市町村の児童相談に対する支援などの業務を行っている。市町村は、保育所の運営などの保育業務、児童館や放課後児童クラブの運営などの子ども育成業務、健康診査などの業務を担当している。2005（平成17）年度から、子育て支援や児童相談についても一時的役割を果たしている。

2) 児童相談所

児童相談所は、児童福祉法第12条に規定されており、18歳未満の児童に関するあらゆる相談に応じることを目的とする第一線の機関である。児童福祉法では全国の都道府県・指定都市に義務設置されている。この機関では、子どもの福祉に関するさまざまな問題について市町村等から送致された専門的相談に対応する他、家庭その他からの相談にも応じ、調査、診断、判定のうえ、必要な援助を行う機関である。また、当機関は子どもと家族の生活問題に幅広く対応し、かつ地域に開かれた機関であることを意図して「子ども家庭センター」という名称が用いられている場合もある。2009（平成21）年5月現在、全国に201ヵ所（支所を含まず）設置されている。

児童相談所の運営は「児童相談所運営指針」に基づいており、原則として総務部門、相談・判定・指導・措置部門、および一時保護部門の3部門に分かれ、所長はじめ児童福祉司（ケースワーカー）、相談員、心理判定員、医師（精神科医、小児科医）、児童指導員、保育士などの所員および庶務・会計等職員、調理員、運転手などの職員が配置されることになっている。

その業務は、(1) 家庭その他からの相談に応じること、(2) 必要な調査なら

児童指導員
児童福祉施設を利用している満0～満18歳未満までの子どもが健全に成長するように生活全般にわたって指導する専門職員。

びに医学的，心理学的，教育学的，社会学的および精神保健上の判定を行うこと，(3) その調査または判定に基づいて必要な指導を行うこと，(4) 児童の一時保護を行うこと，となっている。そのほかにも，(1) 要保護児童の通告を受けること，(2) 家庭裁判所または福祉事務所からの児童の送致を受けること，(3) 児童委員または福祉事務所に必要な調査を委嘱すること，(4) 児童福祉司もしくは児童委員に児童・保護者を指導させることや，児童家庭支援センターに指導を委託すること，(5) 措置権者へ報告または通知すること，(6) 家庭裁判所に親権の喪失，後見人の選任・解任の請求をすること，なども行われる。

3）福祉事務所（家庭児童相談室）

福祉事務所は社会福祉法第14条に規定され，都道府県，市および特別区に設置が義務づけられており（町村は任意設置），子ども家庭福祉に関しては，児童相談所との連携のもとに実情の把握や相談，調査，援助などを担当し，必要に応じ母子生活支援施設などへの入所の決定を行っている。家庭児童相談室も設置されている。

4）市町村

2003（平成15）年に児童福祉法が改正され，地域子育て支援事業など，子育て支援サービスが市町村事務として法定化された。改正された同法では，児童相談に応じることを市町村の業務として法律上明確にし，「身近な市町村において虐待の未然防止・早期発見を中心に積極的な取組を求めつつ，都道府県（児童相談所）の役割を専門的な知識及び技術を必要とする事例への対応や市町村の後方支援に重点化することによって，児童相談に関わる主体を増やし，その役割を明確化することにより，全体として地域における児童相談体制の充実を図る」ものであり，児童福祉法制定以来の抜本的な改正内容となっている。

地域子育て支援センターは，保育所等に設置している公的機関で，地域全体で子育て支援を行うための中核となる施設である。また，当センターは，地域の実情等により母子生活支援施設や乳児院において実施することも可能である。入所児童以外，在宅での子育て中の親とその子どもに対する支援も進めている。その設置背景としては，地域の中で子育てが孤立化するなど，子育て困難状況にある家庭が増加したことが挙げられる。支援センターによっては，経験豊富な保育士が地域の子育て家庭の方々からの電話や来所による子育て相談に対応しており，適切に助言してくれる。なお，相談内容によっては，より適切な他の公的機関を紹介することもある。

さらに，支援センターは，保育所の空き部屋を利用した子育てサークル・子育てボランティアの育成支援活動や親子教室の開催などの行事を行うほか，子育てに関する啓発活動も活発に行っており，地域の子育て情報発信源としての

役割を担っている。

また，市町村保健センターでは乳幼児の健康診査や保健指導などが実施されている。

5）保健所

保健所は地域保健法第5条に規定され，都道府県または指定都市，中核市，その他政令で定める市，特別区に設置されている。保健所では身体に障害のある子どもや長期に療養を必要とする子どもに対する療育指導，育成医療の給付などの業務が実施されている。

6）児童家庭支援センター

児童福祉施設14種の中のひとつで，児童福祉法第44条の2に定められている。児童家庭支援センターは，児童虐待や不登校，近年では発達障がい児等に対するケアなど，専門的援助が必要な子ども家庭に対し，早期に支援を展開して児童相談所機能を補完する頃を目的とし，市町村機関の子ども家庭支援をバックアップする児童福祉の専門援助機関である。複雑化する子どもの家庭問題について，ソーシャルワーカーや心理療法士などの高い専門性と地域の福祉資源とをくみあわせて有効に機能させる役割を担っている。子どもや家庭のことで悩んでいる地域の人びとに向けた相談窓口であり，児童・家庭・地域住民などからの相談に応じて助言，援助，指導をするとともに，問題の早期発見・対応に努めることが主な業務となる。

児童家庭支援センターは，児童養護施設，母子生活支援施設，情緒障害児短期治療施設，児童自立支援施設に附置されている。

7）家庭裁判所

家庭裁判所の扱う事件は，(1) 家事審判法で定める家庭に関する事件の審判および調停，(2) 少年法で定める少年の保護事件の審判，(3) 少年法第37条1項に掲げる罪に係る訴訟の第一審の裁判，(4) 他の法律で家庭裁判所の権限とされたもの，たとえば，児童を里親に委託することの承認，被保護者を養護施設に収容するについての許可などである。このように家庭裁判所は，訴訟事件の審判について権限を有しない反面，法律で定められた権限外のものとして家事相談を行っている。さらに，家庭裁判所には司法的機能のほかに家庭裁判所調査官によるケース・ワーク的機能がもちあわされているという特徴があげられる（詳しくは第7章2）。

(2) 児童福祉施設

児童福祉施設は社会福祉施設の一類型であり，子どもや保護者などに適切な

環境を提供し，養育・保護・訓練・育成などを中心として子どもの福祉を図ることを目指している。全部で20種類あり，そこで展開されるサービスは，非常に多岐にわたっている。

　児童福祉施設の設備および運営については，児童福祉法第45条の規定に基づき「児童福祉施設最低基準」によってその詳細が規定されている。また，児童福祉施設には国立のほかに，公立，私立のものもあるが，国，都道府県および市町村以外のものが施設を設置するときは，都道府県知事の認可を必要とする。助産施設，母子生活支援施設の入所措置業務は原則として福祉事務所が行うが，要保護児童の入所措置は児童相談所が行う。1997（平成9）年の法改正によって，市町村の措置による保育所入所は，情報の提供に基づき保護者が保育所を選択する仕組みに改められた。

（3）子ども家庭福祉の専門職

　児童相談所には，福祉に関する相談に応じ，専門的技術に基づいて必要な援助を行う児童福祉司や心理学的診断やカウンセリング・心理療法などを行う児童心理司などが配置されている。

　また，児童福祉施設には，子どもの生活指導・保育や相談援助を行う児童指導員や保育士，心理療法担当職員，看護師，栄養士，調理員その他各領域の専門職員，事務職員などが配置されている。この他，子どもに家庭的環境を提供するサービスとして里親も重要である。

　さらに，地域レベルでは，児童委員や主任児童委員など児童福祉法第16条，第17条，および第18条に基づく公的ボランティアも活躍している。この児童委員には民生委員法に基づく民生委員が充てられる。その任命は，都道府県知事の推薦により，厚生労働大臣が委嘱するという形で行われる。その職務は，児童および妊産婦の状況把握，情報提供，援助及び指導等である。また，要保護児童発見者は，児童委員を介して通告することができる。

> **主任児童委員**
> 区域を担当せず，児童福祉分野のみの専門的役割を担い，地域子育て支援をはじめ，児童委員と連携して児童相談並びに支援活動を実施している。

3　児童・家庭福祉のための財政体制

（1）児童保護措置費負担金

　措置とは，法に基づく児童福祉サービスの供給に際して，サービス利用者の申請や協力機関からの通告によって，第一線行政機関がニーズ判定，評価し，実際のサービス供給機関である児童福祉施設や機関にサービス提供を委託することである。

　児童保護措置費とは児童福祉法によって児童福祉施設へ入所措置がとられた場合，その受託者が入所児の福祉を図るための運営費，すなわち，入所児処遇費，職員人件費および施設の維持管理費等を一括して措置の実施者（都道府

県・政令指定都市・中核市）から，支弁（支払い）を受けるものである。

（2）児童福祉事業対策費等補助金

都道府県等が行う児童福祉事業対策費等補助金事業に，以下のものがある。母子家庭の母，寡婦及び父子家庭の父が就業に役立つ技能や知識を修得することにより，経済的な自立を図る支援をするための給付を行う。

また，母子家庭の母，寡婦及び父子家庭の父が自立促進に必要な事由や社会的な事由により一時的に介護，保育等のサービスが必要な場合や，生活環境が激変し，日常生活を営むのに，特に大きな支障が生じている世帯に対して介護人を派遣し，必要な介護，保育等を行う父子・母子家庭等が一時的に家庭支援等のサービスが必要な場合に，家庭生活支援員を派遣する。

さらに，母子家庭の母，寡婦及び父子家庭の生活の安定と児童の福祉の増進を図るため，養育費の取決めなど生活に密着したさまざまな法律・経済的問題について，弁護士等の専門家による相談事業が実施されている。相談内容としては，養育費，遺産相続，家庭紛争，交通事故補償，金銭消費貸借，生活保護，児童扶養手当，雇用保険，年金，税金，医療費，住宅，土地の問題等がある。

4　児童・家庭福祉サービスの最近の動向

（1）子ども手当制度の内容

子ども手当制度は，次代の社会を担う子どもの健やかな育ちを社会全体で応援するという趣旨のもとに父母等に支給される。手当の支給を受けた者は，その趣旨に従って手当を活用する責務が求められる。

児童手当制度は，小学校修了前の子どもが対象となっており，親などに所得制限があったが，子ども手当は，15歳到達後最初の3月31日までの間にある子ども（中学校3年生修了前の子ども）を養育している者に支給される。所得制限もない。手当は，認定請求をした日の属する月の翌月分から，支給事由の消滅した日の属する月分まで支給される。なお，転入または災害などやむを得ない理由により認定請求ができなかった場合には，そのやむを得ない理由がやんだ後15日以内に認定請求すれば，転入等の日の属する月の翌月分から支給される。出生，転入等により新たに受給資格が生じ，子ども手当を受給するには，当該市町村に「認定請求書」を提出する。また，公務員の場合には「認定請求書」を勤務先に提出する。他の市区町村に住所が変わる場合には，「消滅届」の提出が必要である。転出後の市区町村で手当を受けるためには，新たに「認定請求書」の提出が必要となる。手当を受給している者が，出生などの事由により支給の対象となる子どもが増えたときには，「額改定認定請求書」の提出が必要である。この場合，額改定認定請求をした日の属する月の翌月分か

ら手当額が増額される。2010（平成22）年度の子ども手当は，中学校修了までの子ども一人につき，月額13,000円をその父母等に支給することとなった。なお，子ども手当の支給要件は，子どもを監護し，かつ，生計を同じくしていること等となっており，所得制限は設けられていない。なお，子ども手当の支給は年3回（6月，10月，2月）となっている。現在，手当の支給対象となっている子どもの一部を養育しなくなったことなどにより支給の対象となる子どもが減った場合には，「額改定届」を提出しなければならない。

(2) 児童養護施設に入所している子ども

2010（平成22）年度において，児童養護施設に入所している子どもに関しては，「安心子ども基金」の活用により，施設に入所している親のいない子ども等について，子ども手当相当額が行き渡るよう，施設に対して特別の支援が行われる。

なお，2010（平成22）年度においては，子どもを監護し，生計を同じくする父母等に手当てを支給するという児童手当制度の支給要件を踏襲した。そのため，児童手当の支給対象となっていなかった児童養護施設に入所している親のいない子ども等には，子ども手当そのものは支給されない。

注）
1) 厚生統計協会編『国民の福祉の動向 2010/2011』厚生統計協会，2010年 p.63

参考文献
菊池正治ほか『児童福祉論―新しい動向と基本的視点―』ミネルヴァ書房，2007年
浅井春夫編著『子ども福祉』建帛社，2007年
加藤孝正編著『新しい養護原理』ミネルヴァ書房，2006年

プロムナード

保育士と親との関係

　子育ての方針をめぐって，保育園や保育士に不満が起these，まずは話し合ってみることです。家庭で子育ての方針があるように，保育所やそこで働く保育士にも保育者の方針や，考え方があります。なるべく冷静に，自分や子どもが何に困っているのかを事実として保育士に伝え，共に解決方法を考えてもらう話し方が必要です。そのような親の理性的な態度が，相手に自分を振り返らせる動機になるのです。また，父母仲間や父母会に相談してみると，自分の不満が妥当なのか，問題の核心は何なのかが整理できます。保育所の保育士には，子どもの24時間を見通して園生活を組み立てるという目的意識的な努力が求められます。また，保育士には親の労働に対する理解や，母親に対しては同じ働く女性としての共感も必要です。そうすることによって，保育士と親という関係を超えて，働くものどうしとしての心のつながりが生まれ，みんなで子どもを育てる喜びや，女性の働く権利を守っているという誇りも生まれてくるのです。

学びを深めるために

荒井洌『エレン・ケイ保育の夢』フレーベル館，2004年
　スウェーデンの女性解放運動家であり，教育思想家であるエレン・ケイが1900年に執筆した『児童の世紀』を中心に解釈を加え，幼児保育のことや家庭のこと，人の一生についてなど示唆に富む内容となっている。

井垣章二『児童虐待の家族と社会－児童問題にみる20世紀－』ミネルヴァ書房，1998年
　本書は，主としてアメリカにおける今世紀80年代の初頭の児童労働法の規制に始まる児童福祉の取り組みから，日本で今日的な問題となっている「児童虐待の家族と社会」について網羅されている。

児童家庭支援センター運営事業の内容について，どのようなものがあるか考えてみよう。

福祉の仕事に関する案内書

杉本貴代栄・須藤八千代ほか『ソーシャルワーカーの仕事と生活』学陽書房，2009年
杉本一義『人生福祉学の探求』永田文昌堂，2003年

第 5 章

児童福祉法と
児童福祉サービス

1 児童福祉法

(1) 法制定の経緯と趣旨

　児童福祉法は，次代の社会の担い手である児童一般の健全な育成および福祉の積極的増進を基本精神とする，児童福祉に関する根本的総合的な法律である。

　第2次世界大戦の敗戦と混乱の中，子どものおかれた社会的環境も保健衛生の状態も深刻であった。当時，戦災孤児，街頭浮浪児と呼ばれる子どもの中には，家もなく，徘徊，非行化する者も多く，子どもの保護は緊急の課題であった。政府は児童問題の根本的解決のための児童保護事業の法制化をはかるため，児童保護要綱案を中央社会事業委員会に諮問した。同委員会は，「児童福祉法とも称すべき児童福祉の基本法を制定することが喫緊の要務」であるとの答申を行った。これに基づき政府は，児童福祉法案を作成し，新憲法下の第1回国会に提出し，1947年12月に制定され，翌年1月から施行された。

　このように児童福祉法は，従来の要保護児童のみを対象としたものではなく，すべての子どもを対象とし，その健全な育成，福祉の積極的増進を目的とした画期的な法律である。

(2) 法の概要

　児童福祉法は，総則，福祉の保障，事業・養育里親および施設，費用，雑則，罰則の6章から構成されている。

　第1章の総則では，児童福祉の原理，児童の定義，里親および児童福祉施設，児童福祉機関の業務内容等が規定されている。

　児童福祉の原理については，児童福祉法の第1条「児童福祉の理念」，第2条「児童育成の責任」，第3条「原理の尊重」において規定されている。

　児童福祉の理念として，第1条では，「すべて国民は，児童が心身ともに健やかに生まれ，且つ，育成されるよう努めなければならない。すべて児童は，ひとしくその生活を保障され，愛護されなければならない」とし，すべての国民に対して子どもの健全な育成の責任を課すとともに，子どもに対する無差別平等な生活の保障および愛護される権利を明らかにしている。

　第2条では児童育成の責任について，「国及び地方公共団体は，児童の保護者とともに，児童を心身ともに健やかに育成する責任を負う」として，子どもの健全な育成の責任が第一義的に保護者にあるとしつつ，国および地方公共団体にも同等にその責任があることを明記している。

　第3条では原理の尊重について，「前2条に規定するところは，児童の福祉を保障するための原理であり，この原理は，すべて児童に関する法令の施行にあたつて，常に尊重されなければならない」として，児童福祉保障の原理の尊重を強調している。

児童福祉法の対象となる児童については，「満18歳に満たない者」と規定し，乳児は「満1歳に満たない者」，幼児は「満1歳から，小学校就学の始期に達するまでの者」，少年は「小学校就学の始期から，満18歳に達するまでの者」と3つに区分している（第4条）。また，妊産婦とは「妊娠中又は出産後1年以内の女子」，保護者とは「親権を行う者，未成年後見人その他の者で，児童を現に監護する者」と定義している。

　児童福祉法第6条の3では，里親とは「養育里親および厚生労働省令で定める人数以下の要保護児童を養育することを希望する者であつて，養子縁組によつて養親となることを希望するものその他のこれに類する者として厚生労働省令で定めるもののうち，都道府県知事が第27条第1項第3号の規定により児童を委託する者として適当と認めるものをいう」と定義している。

　また第7条では，児童福祉施設を，「助産施設，乳児院，母子生活支援施設，保育所，児童厚生施設，児童養護施設，知的障害児施設，知的障害児通園施設，盲ろうあ児施設，肢体不自由児施設，重症心身障害児施設，情緒障害児短期治療施設，児童自立支援施設及び児童家庭支援センター」の14種類を規定している。

　児童福祉の機関として，児童福祉に関する事項を調査・審議するための児童福祉審議会，子どもの福祉をはかるための専門的機関として児童相談所，福祉事務所ならびに保健所の業務について規定している。

　第2章の福祉の保障では，障害児等の保護，障害児施設給付費の支給，児童福祉施設への入所をはじめとした各種の福祉の保障等について規定している。施設入所については，助産施設，母子生活支援施設への入所は都道府県，市および福祉事務所を設置する町村が（福祉事務所長に委任が可能：第32条），保育所については市町村が，それ以外の児童福祉施設（児童厚生施設，児童家庭支援センターを除く）については都道府県（児童相談所長に委任が可能：第32条）が，措置（障害児関係施設については契約入所もあり）を行うこととなっている。

　第3章では，各種児童福祉施設の目的および対象者についての規定，児童福祉施設の設備，運営について最低基準を定めること等が示されている。

　さらに第4章の費用では，主に国および都道府県市町村による費用の負担，補助について規定されている。第5章は雑則，第6章は罰則である。

（3）法の改正

　1947年に制定した児童福祉法は，子どもや家庭等のニーズや課題に対応するためにたびたびの改正を経て今日に至っている。近年の主な改正について概観する。

1）1997年の児童福祉法改正

　児童福祉法制定後50年を経て，1997年の大幅な改正の背景には，少子化の進行，共働き家庭の一般化など子どもや家庭をめぐる環境の変化，あるいは家庭や地域の子育て機能の低下に伴う児童虐待や不登校の増加などがあげられる。保育システム，援助を必要とする子どもの自立支援システム，そして母子家庭に対する施策の方向性について中央児童福祉審議会での検討を経て，通常国会に児童福祉法等の一部改正案を提出し，同年6月に可決承認され，1998年4月1日から施行された。大きな改正点としては，保育所への入所方式を「措置制度」から「選択利用」方式への変更，児童相談所と都道府県児童福祉審議会の役割機能の強化および児童家庭支援センターの創設，子どもの自立支援を基本にした施設機能と名称の見直し，児童自立生活援助事業を児童居宅生活支援事業としての位置づけ，母子家庭の自立や雇用の促進，「放課後児童健全育成事業」の法制化などがあげられる。

> **児童自立生活援助事業**
> 　1998（平成10）年4月施行の改正児童福祉法第6条に位置づけられた。事業内容は義務教育終了後の子どもで，児童福祉施設の措置が解除された者の自立を図るため，共同生活を営むべき住居において相談や生活指導を行うこととしている（同法第27条第9項）。自立援助ホーム数は2010年1月現在，25都道府県57か所がある。

> **放課後児童健全育成事業**
> ⇒47ページ

2）2000年の児童福祉法改正

　社会福祉基礎構造改革により，社会福祉事業法を改正し，「社会福祉法」が制定されたのをうけて，児童福祉法も改正された。母子生活支援施設，助産施設の利用が「措置制度」から「利用選択」方式への変更，児童虐待などの通告は児童委員を介しての実施，児童短期入所（ショートステイ）の事務が都道府県から市町村への委譲，児童相談所所長および児童福祉司の任用資格に社会福祉士が加えられたことなどが主な改正内容であった。

3）2001年の児童福祉法改正

　無認可保育所において子どもの虐待や劣悪な保育環境などの改善とあわせて，子どもが安心して健やかに成長できる環境を整備するため，認可外保育施設に対する監督の強化，認可保育施設の整備を促進するための公有財産の貸し付け等の推進，保育士資格の法定化と名称の独占資格化，児童委員の職務の明確化と主任児童委員の法定化などを主な内容として改正が行われた。

4）2003年の児童福祉法改正

　急速な少子化の進行等を踏まえ，すべての子育て家庭における子どもの養育を支援するため，市町村における子育て支援事業の実施，市町村保育計画の作成等に関する規定の整備，児童養護施設等の子育てに関する情報提供，都道府県児童福祉審議会の必置規制の見直しなどが規定された。

5）2004年の児童福祉法改正

　次世代育成支援対策を推進するために，児童虐待防止対策等の充実・強化，

新たな小児慢性特定疾患対策の確立等を目的とした改正が行われた。児童相談に関し市町村が担う役割を法律上明確化するとともに，児童相談所の役割を専門性の高い困難な事例への対応や市町村の後方支援に重点化する，里親の監護・教育・懲戒に関する権限を法律上明確化する，児童福祉施設の年齢要件を見直す，保護を要する児童について家庭裁判所が関与する仕組みを導入するなど大きな改正であった。

6）2006年の児童福祉法改正

障害者自立支援法の施行にともない，障害児の福祉サービス利用が措置制度から障害児施設給付制度へと変更された。また育成医療制度が廃止され，自立支援医療（障害者自立支援法）に組み込まれた。

7）2007年の児童福祉法改正

児童虐待への対応を強化し，要保護児童対策を推進するため，施設入所中や一時保護中の子どもの保護者に対する面会・通信等の制限の強化，地方公共団体に要保護児童対策地域協議会設置の努力義務，児童相談所長は未成年後見人請求の間の親権の代行，正当な理由なく立ち入り調査を拒否した場合の罰則強化などが規定された。

8）2008年の児童福祉法改正

地域における子育て支援の充実と，要保護児童等に対する支援の強化を目的として児童福祉法が改正された。子育て支援に関しては，乳児家庭全戸訪問事業，養育支援訪問事業，地域子育て支援拠点事業，一時預かり事業，家庭的保育事業等の子育て支援事業を法律上位置づけたことである。社会的養護関連部分として，養子縁組を前提とした里親と養育里親の区分等里親制度の見直し，小規模住居型児童養育事業の創設，要保護児童対策地域協議会の機能の強化，家庭支援機能の強化，年長児の自立支援策の見直し，被措置児童等への虐待防止の取り組みなどが主な内容である。

2　児童福祉施設

（1）児童福祉施設の種類

児童福祉施設は子どもやその保護者等に適切な環境を提供し，養育，保護，訓練，育成，自立支援などのサービスを通じて子どもの福祉をはかるところである。
児童福祉法第7条では14種類の施設を児童福祉施設としているが，「児童福祉施設最低基準」（厚生労働省令）では，さらに20種類に細分化している。施設の種類，目的，対象者等については図表5－1の通りである。

乳児家庭全戸訪問事業
原則として生後4ヶ月までの乳児のいる全家庭を訪問し，子育てに関する情報の提供や，養育についての相談・援助等を行う事業である。2008年の児童福祉法改正により法定化された事業で，実施主体は市町村である。

養育支援訪問事業
支援を要する児童等の状況を把握し，必要に応じて関係者との連絡調整を行う者の総括の下に保健師等が，要支援児童等の居宅において，養育に関する相談，指導，助言を行う事業である。2008年の児童福祉法改正により法定化された事業で，実施主体は市町村である。

家庭的保育事業
保育の必要な乳児や幼児を，保育士または研修を受けて市町村の認定を受けた方が「家庭的保育者（保育ママ）」となって，自宅等で預かって保育サービスを提供する事業である。2008年の児童福祉法改正により法定化された。

小規模住居型児童養育事業
養育者の住居において，複数の児童によるかかわりを活かしつつ，委託児童の自主性を尊重し，基本的な生活習慣を確立するとともに，豊かな人間性及び社会性を養い，委託児童の自立を支援することが目的である。2008年の児童福祉法改正により創設された。

図表５−１　児童福祉施設の種類

施設の種類	種別	入所・通所・利用別	設置主体	施設の目的および対象者
1. 助産施設 （法第22条）	第2種	入所	都道府県 市町村　届出 社会福祉法人 ｝認可 その他の者	保健上必要があるにもかかわらず，経済的理由により，入院助産を受けることができない場合において，その妊産婦から申し込みがあったときは，その妊産婦に対し助産施設において助産を行う
2. 乳児院 （法第37条）	第1種	入所	同上	乳児（保健上，安定した生活環境の確保その他の理由により特に必要のある場合には，幼児を含む）を入院させて，これを養育し，あわせて退院した者について相談その他の援助を行う
3. 母子生活支援施設 （法第38条）	第1種	入所	同上	配偶者のない女子又はこれに準ずる事情にある女子及びその者の監護すべき児童を入所させて，これらの者を保護するとともに，これらの者の自立の促進のためにその生活を支援し，あわせて退院した者について相談その他の援助を行う
4. 保育所 （法第39条）	第2種	通所	同上	日日保護者の委託を受けて，保育に欠けるその乳児又は幼児を保育する
5. 児童養護施設 （法第41条）	第1種	入所	同上	保護者のない児童（乳児を除く。ただし，安定した生活環境の確保その他の理由により特に必要のある場合には，乳児を含む），虐待されている児童その他環境上養護を要する児童を入所させて，これを養護し，あわせて退所した者に対する相談その他の自立のための援助を行う
6. 知的障害児施設 （法第42条）	第1種	入所	国・都道府県 市町村　届出 社会福祉法人 ｝認可 その他の者	知的障害のある児童を入所させて，これを保護し，又は治療するとともに，独立自活に必要な知識技能を与える
7. 自閉症児施設 （法第42条）	第1種	入所	都道府県 市町村　届出 社会福祉法人 ｝認可 その他の者	自閉症を主たる病状とする児童を入所させ，保護するとともに必要な治療，訓練等を行う
8. 知的障害児通園施設 （法第43条）	第1種	通所	同上	知的障害のある児童を日々保護者の下から通わせて，これを保護するとともに，独立自活に必要な知識技能を与える
9. 盲児施設 （法第43条の2）	第1種	入所	同上	盲児（強度の弱視児を含む）を入所させて，これを保護するとともに，独立自活に必要な指導又は援助を行う
10. ろうあ児施設 （法第43条の2）	第1種	入所	同上	ろうあ児（強度の難聴児を含む）を入所させて，これを保護するとともに，独立自活に必要な指導又は援助を行う
11. 難聴幼児通園施設 （法第43条の2）	第1種	通所	同上	強度の難聴の幼児を保護者の下から通わせて，指導訓練を行う
12. 肢体不自由児施設 （法第43条の3）	第1種	入所 通所	同上	上肢，下肢又は体幹の機能の障害のある児童を治療するとともに，独立自活に必要な知識技能を与える
13. 肢体不自由児通園施設 （法第43条の3）	第1種	通所	同上	通園によっても療育効果が得られる児童に対し，必要な療育を行い，もってこれら児童の福祉の増進を図る
14. 肢体不自由児療護施設 （法第43条の3）	第1種	入所	同上	病院に入院することを要しない肢体不自由のある児童であって，家庭における養育が困難のものを入所させ，治療及び訓練を行う
15. 重症心身障害児施設 （法第43条の4）	第1種	入所	同上	重度の知的障害及び重度の肢体不自由が重複している児童を入所させて，これを保護するとともに，治療及び日常生活の指導をする
16. 情緒障害児短期治療施設 （法第43条の5）	第1種	入所 通所	同上	軽度の情緒障害を有する児童を，短期間，入所させ又は保護者の下から通わせて，その情緒障害を治し，あわせて退所した者について相談その他の援助を行う
17. 児童自立支援施設 （法第44条）	第1種	入所 通所	国・都道府県 市町村　届出 社会福祉法人 ｝認可 その他の者	不良行為をなし，又はなすおそれのある児童及び家庭環境その他の環境上の理由により生活指導等を要する児童を入所させ，又は保護者の下から通わせて，個々の児童の状況に応じて必要な指導を行い，その自立を支援し，あわせて退所した者について相談その他の援助を行う

18. 児童家庭支援センター （法第44条の2）	第2種	利用	都道府県 市町村　届出 社会福祉法人 その他の者 〉認可	地域の児童の福祉に関する各般の問題につき，児童に関する家庭その他からの相談のうち，専門的な知識および技術を必要とするものに応じ，必要な助言を行うとともに，市町村の求めに応じ，技術的な助言その他必要な援助を行うほか，第26条第1項第2号および第27条第1項第2号の規定による指導を行い，あわせて児童相談所，児童福祉施設等との連絡調整その他厚生労働省令の定める援助を総合的に行う	
19. 児童館 （法第40条）	第2種	利用	国・都道府県 市町村　届出 社会福祉法人 その他の者 〉認可	屋内に集会室，遊戯室，図書館等必要な設備を設け，児童に健全な遊びを与えて，その健康を増進し，又は情操をゆたかにする	
20. 児童遊園 （法第40条）	第2種	利用	都道府県 市町村　届出 社会福祉法人 その他の者 〉認可	屋外に広場，ブランコ等必要な設備を設け，児童に健全な遊びを与えて，その健康を増進し，又は情操をゆたかにする	

出所）「児童福祉法」および厚生統計協会編『国民の福祉の動向2009年』厚生統計協会，2009年，pp.299-300より筆者作成

　児童福祉施設を利用方式別にみると，利用施設（児童館，児童遊園，児童家庭支援センター），選択利用契約施設（保育所，母子生活支援施設，助産施設），原則として障害児施設給付費支給決定により利用される施設（障害児施設），行政機関による措置施設（上記以外の施設）の大きく4つに分けることができる。

　また，利用形態により分類すると，乳児院や児童養護施設のように家庭の養育機能を代替する入所型施設，保育所や知的障害児通園施設のように家庭の養育機能を補完する通所型施設，児童館や児童家庭支援センターのように家庭の養育機能を支援する利用型施設の3つに分かれる。

(2) 児童福祉施設の設置と運営
1) 設置

　児童福祉施設の設置に関して，厚生労働省設置法に基づき国がその設置義務を負っているのが児童自立支援施設（国立武蔵野学院，国立きぬ川学院）と知的障害児施設（国立秩父学園）である。国の設置する施設は，子どもの自立支援，指導，保護，治療を行うほか，職員の養成施設が設置されている。

　都道府県が設置しなければならない施設は児童自立支援施設である。その他の施設についても都道府県・指定都市・中核市の条例により設置されている。

　指定都市・中核市以外の市町村は，あらかじめ必要な事項を都道府県知事に届け出て，児童福祉施設を設置することができる。また，国，都道府県，市町村以外の者が児童福祉施設を設置する場合は都道府県知事の認可を受けなければならない。

2) 運営

　児童福祉施設の運営は，入所児童の健やかな成長，権利を保障し，適切な保

護，指導，自立支援等を行うものでなければならない。このため，「児童福祉施設最低基準」（厚生労働省令）が定められ，また，児童福祉施設に要する費用の公費負担および補助の規定が定められている。

① 児童福祉施設最低基準

最低基準の2条では目的として，「最低基準は，児童福祉施設に入所している者が，明るくて，衛生的な環境において，素養があり，かつ，適切な訓練を受けた職員（児童福祉施設の長を含む）の指導により，心身ともに健やかにして，社会に適応するように育成されることを保障するものとする」と規定している。

最低基準には，職員の一般的要件，子どもケアの原則，施設長の義務，施設長の権限，秘密保持，苦情への対応，知識および技能の向上，職種別職員配置，職員の資格要件および設備の基準等が規定されている。

この最低基準が守られるように，厚生労働大臣や都道府県知事による監査が実施されている。最低基準に達しない場合には，施設の設置者に対して改善勧告，改善命令，事業の停止命令，許可・認可の取り消し，閉鎖命令等が出される。なお，障害児関係施設については，最低基準に加え，「指定知的障害児施設等の人員，設備及び運営に関する基準」が定められている。

② 施設長の権限および義務

児童福祉施設の長は，正当な理由がない限り措置の委託等を拒むことはできない。入所中の子どもで親権を行う者又は未成年後見人のないものに対し，親権を行う者又は未成年後見人があるに至るまでの間，児童福祉施設の長は親権を行う。また，親権を行う者又は未成年後見人のあるものについても，監護，教育及び懲戒に関し，その子どもの福祉のため必要な措置をとることができるとされている。ただし，懲戒権の濫用は禁止されている。

③ 児童福祉施設の費用

児童福祉施設の費用は，設備に要する費用（設備費）と子どもの保護に要する費用（運営費）との主に2つに分けられる。これについては保護者，国，都道府県，市町村が一定の割合で負担または補助する仕組みとなっている。

3 里親制度

(1) 里親制度とは

里親制度は，児童福祉法に基づく子どもの福祉のための制度であり，児童福祉法の施行により1948年に発足した。「里親等家庭養育の運営に関して」という通知が出され，「家庭養育運営要綱」に準拠して運営されることになった。1987年の特別養子縁組制度の導入により，40年ぶりに改正があった。

2002年の里親制度の大幅な改正では，「養育里親」「短期里親」に加え，「親

族里親」と「専門里親」が新たに創設されるとともに，「里親の認定等に関する省令」，「里親が行う養育に関する最低基準」が厚生労働省令として制定された。2004年の児童福祉法の一部改正では，児童福祉法の条文（第6条の3）として，里親の定義が新たに規定された。また，児童福祉施設の長と同様に，里親にも親権の一部である監護権，教育権，懲戒権に関して，子どもの福祉のために必要な措置をとる権限を認められた。これに関連し，懲戒に関する権限の濫用禁止の規定が「最低基準」に設けられた。さらに，20歳までの延長規定も定められた。また，受託中の子どもに関する就学義務が明確化されたとともに，保護受託者制度が廃止され，一定の要件を満たす里親が職業指導（児童の自立を支援することを目的として，勤労の基礎的な能力および態度を育てること）を行えることとなった。そして，「里親養育援助支援事業」，「里親養育相互援助事業」が里親支援事業に追加された。

　2005年3月には，里親支援の推進，新規里親の開拓，専門里親制度の推進，児童福祉施設の役割，地区里親会の取り組みなどについて，「里親家庭への保護を要する子どもの委託の促進について」という通知が出された。

　また，2006年度新規事業として，里親委託推進事業が始まった児童相談所に「里親委託推進員」を新たに配置するとともに，「里親委託推進委員会」を設け，児童相談所，乳児院等の施設および里親との連携を図りつつ，施設入所している子どもの里親への委託を総合的に推進し，もって子どもの福祉の向上を図っている。

　さらに，2008年の児童福祉法改正により，2009年から里親の定義規定が大きく改正されることになった。今回の制度改正は，社会的養護体制の見直しの一環として，養育里親と養子縁組を前提とした里親の区別と，専門里親が受託する子どもの対象の拡大など里親制度の見直しを行ったとともに，養育里親となるための研修や登録名簿の作成の義務づけ，里親手当の改善や里親への支援制度を拡充することである。里親に対する訪問活動や養育相談，里親サロンの運営，レスパイトケアの調整等の里親支援業務が都道府県の責務と位置づけられた。都道府県が自ら直接里親を支援する場合のほか，適当と認めるものに，この里親支援の業務を委託できることとなった。このように，里親への支援強化に向け，里親支援機関の充実もはかり，社会福祉法人やNPO法人など外部機関への委託を可能とし，支援事業を進めやすくした。

(2) 里親の種類

　里親制度の意義は，「家庭での養育に欠ける児童等に，その人格の完全かつ調和のとれた発達のための温かい愛情と正しい理解をもった家庭を与えることにより，愛着関係の形成など児童の健全な育成を図るものであること」とされている。

図表5−2　里親の種類

法律上の規定	養子縁組によって養親となることを希望するものその他これに類する者として都道府県知事が適当と認めたもの		養育里親	
里親の種類	養子縁組を希望する里親	親族里親	養育里親	専門里親
対象児童	要保護児童（保護者のいない児童又は保護者に監護させることが不適切であると認められる児童）	次の要件に該当する要保護児童 ① 当該親族里親と三親等以内の親族であること ② 児童の両親その他当該児童を現に監護する者が死亡，行方不明，拘禁等の状態となったことにより，これらの者により，養育が期待できないこと	要保護児童（保護者のいない児童又は保護者に監護させることが不適切であると認められる児童）	次に掲げる要保護児童のうち，都道府県知事がその養育に関し特に支援が必要と認めたもの ① 児童虐待の防止等に関する法律第2条に規定する児童虐待等の行為により心身に有害な影響を受けた児童 ② 非行等の問題を有する児童 ③ 身体障害，知的障害又は精神障害がある児童
登録の有効期間	登録制度なし	登録制度なし	5年	2年
養育できる委託児童数	人数制限なし	人数制限なし	委託児童は4人まで	対象児童は2人まで
研修義務	必要に応じて	必要に応じて	あり	あり

出所）「里親制度の運営について」および「児童福祉法」より筆者作成

　2009年の里親制度改正により，新しい里親の種類が「養育里親」と「養子縁組によって養親となることを希望する里親，その他これに類する者」の2区分になり，「養育里親」のなかに「専門里親」が含まれ，「養子縁組によって養親となることを希望する里親」，「その他これに類する者」として「親族里親」が含まれることになった。図表5−2にあるように，各種里親の対象児童が明確に示されている。

　養育里親については，児童福祉法第6条の3の2で「この法律で，養育里親とは，前項に規定する厚生労働省令で定める人数以下の要保護児童を養育することを希望し，かつ，都道府県知事が厚生労働省令で定めるところにより行う研修を修了したことその他の厚生労働省令で定める要件を満たす者であって，第34条の14に規定する養育里親名簿に登録されたものをいう」と規定された。また，「短期里親」は養育里親のなかに含まれることになった。養育里親の要件は，① 養育里親研修を修了したこと，② 養育里親になることを希望している者およびその同居人が欠格事項に該当しないこと，③ 経済的に困窮していないことである。養育里親の里親手当は，1人目が月額7万2000円，2人目以降は月額3万6000円となる。

　専門里親は，養育里親のうち「要養護児童のうち，都道府県知事がその養育に関し特に支援が必要と認めたものを養育する」もので，次の①〜③の要件を満たしていることが必要である。① 次に掲げる要件のいずれかに該当すること，ア）養育里親として3年以上の委託児童の養育の経験を有するものであること，イ）3年以上に児童福祉事業に従事したものであって，知事が適当と認めたものであること，ウ）知事が，イに該当する者と同等以上の能力を有する

図表５－３　里親登録数・委託里親数

(世帯数)

	里親		養子縁組を希望する里親		(再掲)							
					親族里親		養育里親		みなし養育里親		専門里親	
	登録数	委託数	登録数	委託数	登録数	委託数	登録数	委託数	登録数	委託数	登録数	委託数
計	7,326	2,810	1,054	170	322	299	4,448	2,260	1,869	20	512	142

出所）厚生労働省・家庭福祉課調べ，2009年10月1日現在。再掲部分重複部分あり。
※みなし養育里親とは，前年度から受託しているが，里親種別を未決定の里親である。

と認定した者であること，②専門里親研修の課程を修了したこと，③委託児童の養育に専念できることである。専門里親の里親手当は，1人目が月額12万3000円，2人目が月額8万7000円である。

親族里親とは，両親や保護者が死亡・行方不明・拘禁等で子どもを養育できないときに，子どもの三親等内の親族に対して委託を認めた者である。親族里親には，養育里親や専門里親に支払われる里親手当は支給されず，生活費・教育費・医療費などの事業費のみが支給される。

養子縁組によって養親となることを希望する里親とは，要保護児童について養子縁組で養親となることを希望する者である。養育里親手当は増額されたのに対して養子縁組を希望する里親に対する里親手当の支給はなくなったが，里親の種類として名を残したことになる。

2009年10月1日現在，厚生労働省・家庭福祉課調べによる里親登録数・委託里親数は図表５－３の通りである。登録里親数が7,326世帯となっており，登録里親に対して委託里親の割合は38.4％である。2007年度末の7,948世帯と比べると622世帯が減っており，まだ里親の種別を決めかねている「みなし養育里親」は1,869世帯である。

4　児童福祉施策に係る財源

(1) 財　源

児童福祉施策に係る財源は，公費およびこれに準ずる公的資金と民間資金に大別される（図表５－４）。主に公費は，法令に基づき公の職務とされている分野の児童福祉事業および国や地方自治体が子どもの福祉を増進する事業のために支給される。また，施策の性格・内容等に応じて，国および地方自治体の財政負担区分が定められている。国費の支出は，地方交付税交付金と国庫補助金等に分けられる。「補助金等」については，「補助金等に係る予算の執行の適正化に関する法律」の第2条に基づき，負担金，補助金，利子補助金，その他に分類される。

近年では，地方分権や規制緩和の推進政策がとられ，①国から地方への国

図表5-4 児童福祉施策に係る財源

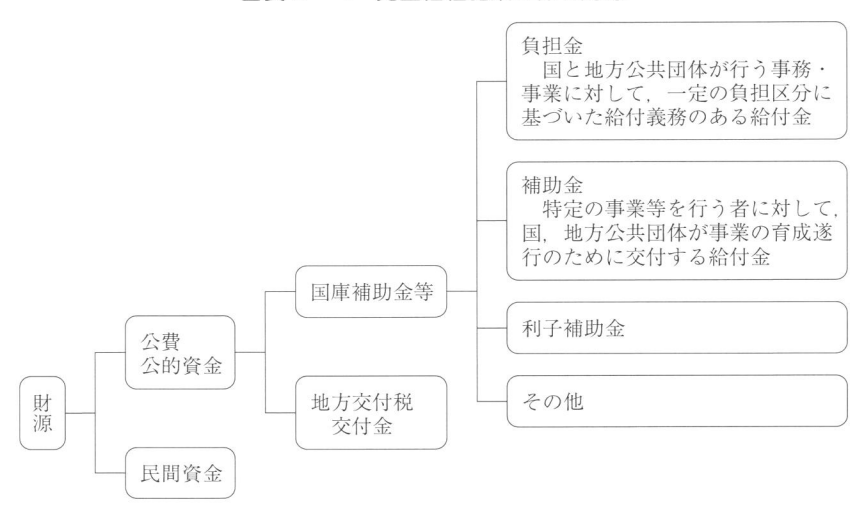

```
                                        ┌─ 負担金
                                        │   国と地方公共団体が行う事務・
                                        │   事業に対して、一定の負担区分に
                                        │   基づいた給付義務のある給付金
                                        │
                                        ├─ 補助金
                        ┌─ 国庫補助金等 ─┤   特定の事業等を行う者に対して、
                        │               │   国、地方公共団体が事業の育成遂
            ┌─ 公費    │               │   行のために交付する給付金
財源 ──────┤  公的資金 ┤               │
            │           │               ├─ 利子補助金
            │           │               │
            │           └─ 地方交付税   └─ その他
            │              交付金
            └─ 民間資金
```

庫補助金の削減、②国から地方への税源の移譲、③地方交付税の改革、いわゆる三位一体改革により、国と地方自治体の税財政のあり方が変化している。これにより、2005年度からは子育て支援関係事業に次世代育成支援対策交付金制度が導入された。また、児童虐待・DV対策等総合支援事業や母子保健医療対策等総合支援事業、母子家庭等対策総合支援事業などの補助金が統合補助金化されている。

(2) 国庫補助金等

国庫補助金等はそれぞれの事業の目的達成のために効果的に使用されるため、その取り扱いについては、財政法、会計法、予算決算および会計令等の諸法規がある。また、補助金等については、さらに「補助金等に係る予算の執行の適正化に関する法律」によって規定されている。

児童福祉に係る国庫補助金等の種類は多く、事業も広範囲にわたっている。なお、近年は定着化した事業に関しての補助金を廃止し、一般財源化する傾向がみられる。これらの事業は、「一般会計」、「特別会計」の2つに大きく分かれている。

一般会計では、地域子育て支援対策費（次世代育成支援対策交付金）、保育所運営費（保育所運営費）、児童虐待等防止対策費（婦人保護費、入所施設措置費等、児童虐待・DV対策等総合支援事業）、母子保健衛生対策費（母子保健医療対策等総合支援事業、小児慢性特定疾患治療研究費など）、母子家庭等対策費（児童扶養手当、母子家庭等対策総合支援事業など）、児童福祉施設整備費（次世代育成支援対策施設整備交付金）などがある。

特別会計では、年金特別会計（児童手当及び子ども手当勘定）などがある。

次世代育成支援対策交付金

次世代育成支援対策推進法に規定する市町村行動計画に定められている地域の特性や創意工夫をいかした子育て支援事業その他次世代育成支援対策に関する事業の実施を支援することにより、次世代育成支援対策の推進をはかるものである。

(3) 児童保護費等負担金

　児童保護費等負担金は，児童福祉施設等の運営に要する経費であり，児童福祉の財源のうちでもっとも重要なもののひとつである。この費用は，児童福祉法によって要保護児童が児童福祉施設への入所措置や里親委託が行われた場合，その子どもの入所後の保護または委託後の養育について，最低基準を維持するために要する経費である。この経費は児童福祉施設などが毎月措置の実施者からいわゆる措置費として支弁を受けるものである（児童福祉法第50条第7号）。

　措置費の支弁について，国が支弁した場合においては厚生労働大臣が，都道府県または市町村が支弁した場合においてはその長が，その支弁した費用をそれぞれ本人またはその扶養義務者から，その負担能力に応じ，その費用の全部または一部を徴収することができる（児童福祉法第56条第1項，2項）。

　また，国庫は各会計年度を単位として，都道府県または市町村が支弁した費用の総額と，その実支出額から措置費のためになされた寄付金を除いた額とを比較して，いずれか少ないほうの額から，厚生労働大臣が定める基準によって算定した徴収金の額を除いた額を基本額として，原則としてその2分の1を負担することとなる。

　保護単価は，児童福祉施設への入所措置または里親に委託した場合に，措置児童1人（世帯）あたりの措置費の月額等の単価であり，毎月の定員や措置児童数等を乗じて施設に支払われる。保護単価は毎年度のはじめに都道府県知事，指定都市・中核市の市長および市町村長が個々の施設単位に各費目ごとに定めることになっている。児童福祉施設の措置費は，事務費と事業費に分かれる。事務費は，職員処遇費（人件費）と施設自体の管理費（物件費）に分かれ，事業費は直接子どものために使用される経費であり，施設種類ごとに多少異なっている。

(4) 保育所運営費負担金

　保育所の運営費は，保育の実務義務を負う市町村が保育所に支弁している。この場合の運営費の算定については，保育所の経営や経理の実態，執行上の事務処理等を勘案し，地域，定員規模，子どもの年齢区分等に応じて全国的に統一的な保育単価（月額）を設けて支弁基準としている。市町村は毎月この保育単価に各月初日の在籍子ども数を乗じて得た額を保育所に対して支弁している。

(5) 障害児施設給付金

　2003年4月から，障害児のための在宅福祉サービスは，措置制度から支援費制度という利用者とサービス提供者との契約による利用制度に移行した。さらに，2005年には障害者自立支援法が制定され，2006年から子どもが障害児施設を利用する場合には，都道府県から障害児施設給付費が支給される。しか

措置
　「社会福祉六法」に規定されている「福祉の措置」を実施する行政機関の措置権に基づいて，福祉サービスの提供に関する決定をすること。措置権者による入所措置は行政処分であり，措置権者による民間社会福祉施設への措置委託は公法上の契約とされている。国は行政処分について，行政機関が一方的な措置決定を行い，利用者は反射的利益を受けるにすぎない（反射的利益権）という見解を示している。福祉ニーズが多様化し，サービスの供給主体も多元化しつつある今日，措置制度から契約制度へと転換する潮流にある。

支援費支給制度
　障害児・者の福祉サービス利用方式に関して，措置制度に替わり，2003（平成15）年度より実施が予定されている制度。市町村が決めた支給の範囲内において，都道府県知事の指定した指定事業者・施設に対し，本人または扶養義務者が，直接利用申込みによる契約を行い，サービス提供を受けるしくみ。2006年に障害者自立支援法に移行。

し，虐待等契約に適してない場合には，児童相談所の判断で措置入所も行われる。

5　児童福祉サービスの最近の動向

2010年1月29日に，子どもと子育てを応援する社会の実現に向けて，今後の子育て支援の方向性についての総合的なビジョンである「子ども・子育てビジョン」が閣議決定された。子ども・子育てビジョンでは子ども・子育て支援策に関するさまざまな取り組みや今後5年間の数値目標を掲げている。

子ども・子育てビジョンは，子どもが主人公という基本的な考えのもと，これまでの「少子化対策」から「子ども・子育て支援」へと視点を変え，家族や親だけが子育てを担うのではなく，社会全体で子育てを支えるとともに，生活と仕事と子育てを調和させ，子どもと子育てを応援する社会を目指すこととしている。

また，「社会全体で子育てを支える」「希望がかなえられる」という2つの基本的考え方に基づき，子ども・子育て支援施策を行っていく際の姿勢として，①生命（いのち）と育ちを大切にする，②困っている声に応える，③生活（くらし）を支えるの3つの大切な姿勢を示している。

3つの大切な姿勢を踏まえ，次に掲げるような「目指すべき社会への政策4本柱」と「12の主要施策」に従って，施策を推進することとしている。

> 1. 子どもの育ちを支え，若者が安心して成長できる社会へ
>   (1) 子どもを社会全体で支えるとともに，教育機会の確保を
>   (2) 意欲を持って就業と自立に向かえるように
>   (3) 社会生活に必要なことを学ぶ機会を
> 2. 妊娠，出産，子育ての希望が実現できる社会へ
>   (4) 安心して妊娠・出産できるように
>   (5) 誰もが希望する乳児教育と保育サービスを受けられるように
>   (6) 子どもの健康と安全を守り，安心して医療にかかれるように
>   (7) ひとり親家庭の子どもが困らないように
>   (8) 特に支援が必要な子どもが健やかに育つように
> 3. 多様なネットワークで子育て力のある地域社会へ
>   (9) 子育て支援の拠点やネットワークの充実が図られるように
>   (10) 子どもが住まいやまちの中で安全・安心にくらせるように
> 4. 男性も女性も仕事と生活が調和する社会へ
>   (11) 働き方の見直しを
>   (12) 仕事と家庭が両立できる職場環境の実現を

図表5－5　子ども・子育てビジョン　施策に関する数値目標

項　　目	現状（2008年度） ※もしくは直近のデータ	目標（2014年）
社会的養護の充実		
里親の拡充		
里親等委託率	10.4%	16%
専門里親登録者数	495世帯	800世帯
養育里親登録者数 　　（専門里親登録者数を除く）	5,805世帯 （2009.10）	8,000世帯
小規模住居型児童養育事業 　（ファミリーホーム）	―	140か所
児童養護施設	567か所	610か所
小規模グループケア	446か所	800か所
地域小規模児童養護施設	171か所	300か所
児童自立生活援助事業 　（自立援助ホーム）	54か所	160か所
ショートステイ事業	613か所	870か所
児童家庭支援センター	71か所	120か所
情緒障害児短期治療施設	32か所	47か所

出所）厚生労働省「子ども・子育てビジョン」2010年1月29日「社会的養護の充実」の項目を抜粋

　子ども・子育てビジョンの主要施策の（8）「特に支援が必要な子どもが健やかに育つように」のなかには，「障害のある子どもへのライフステージに応じた一貫した支援の強化」と「児童虐待の防止，家庭的養護の推進（ファミリーホームの拡充等）」があげられており，障害児支援や社会的養護の充実が位置づけられている。障害のある子どもへの支援の取り組みとして，障害者制度改革推進本部における取り組み，ライフステージに応じた一貫した支援の強化，障害のある子どもの保育，発達障害のある子どもへの支援の充実，特別支援教育の推進が掲げられている。また，社会的養護の充実においては，家庭的養護の推進，年長児の自立支援策の拡充，社会的養護に関する施設機能の充実，施設内虐待の防止が盛り込まれている。図表5－5は「子ども・子育てビジョン」で示された，社会的養護関係の里親の拡充や小規模化の推進などの2014年に向けた数値目標である。

　また同年1月29日に，「明日の安心と成長のための緊急経済対策」（2009年12月8日閣議決定）に基づき，幼保一元化を含む新たな次世代育成支援のための包括的・一元的なシステムの構築について検討を行うため，「子ども・子育て新システム検討会議」が設置された。会議の構成員は，行政刷新担当大臣，国家戦略担当大臣，少子化対策担当大臣を共同議長とし，総務大臣，財務大臣，文部科学大臣，厚生労働大臣，経済産業大臣といったメンバーである。

　子ども・子育て新システムの目的は，すべての子どもへの良質な成育環境を保障し，子どもを大切にする社会，出産・子育て・就労の希望がかなう社会，仕事と家庭の両立支援で，充実した生活ができる社会，新しい雇用の創出と，女性の就業促進で活力ある社会を実現することである。

　子ども・子育て新システムとは，政府の推進体制・財源の一元化，社会全体

> **ワーク・ライフ・バランス**
> 「仕事と生活の調和」と訳され，国民一人ひとりがやりがいや充実感を持ちながら働き，仕事上の責任を果たすとともに，家庭や地域生活などにおいても，子育て期，中高年期といった人生の各段階に応じて多様な生き方が選択・実現できることを指している。政府は，2007年に「仕事と生活の調和（ワーク・ライフ・バランス）憲章」，「仕事と生活の調和推進のための行動指針」を策定し，国民運動「カエル！ジャパン」キャンペーンを展開している。

（国・地方・事業主・個人）による費用負担，基礎自治体（市町村）の重視，幼稚園・保育所の一体化，多様な保育サービスの提供，ワーク・ライフ・バランス（Work-life balance）の実現である。子ども・子育てを社会全体で支援する一元的な制度の構築に向けて，事業ごとに制度設計や財源構成がさまざまに分かれている子ども・子育て支援策を新しい制度（システム）の下に再編成し，これにより，制度・財源・給付の一元化の実現，社会全体で子ども・子育てを支える体制の実現をはかることである。財源の一元化として基礎自治体が実施主体であり，地域の実情に応じた地域の裁量で施策を進めていくことを目指している。

「子ども・子育てビジョン」については，社会的養護関係が位置づけられているが，「子ども・子育て新システム」は幼保一元化を中心に議論が進められている。すべての子ども・子育て家庭に必要な良質のサービスを提供するため，「子ども・子育て新システム検討会議」においても，社会的養護を必要とする子どもへの育ちの保障にも着目し，子どもの社会的養護を保障する新たなシステムを構築していくことが望まれる。

参考文献

吉澤英子・小館静枝編『保育・看護・福祉プリマーズ②児童福祉第2版』ミネルヴァ書房，2004年
成清美治・吉弘淳一編著『新版 児童福祉』学文社，2008年
社会福祉士養成講座編集委員会『新・社会福祉士養成講座15 児童や家庭に対する支援と児童・家庭福祉制度』中央法規，2009年
柏女霊峰『子ども家庭福祉論』誠信書房，2009年
山縣文治編『やわらかアカデミズム・〈わかる〉シリーズ よくわかる子ども家庭福祉 第5版』，ミネルヴァ書房，2007年
厚生統計協会編『国民の福祉の動向（2009）』厚生統計協会，2009年
社会福祉の動向編集委員会編集『社会福祉の動向（2010）』中央法規，2010年
ミネルヴァ書房編集部編『社会福祉小六法（2010）』ミネルヴァ書房，2010年
厚生労働省「子ども・子育てビジョン～子どもの笑顔があふれる社会のために～」2010年1月29日
厚生労働省「子ども・子育て新システム検討会議，子ども・子育て新システムの基本的方向（案）」2010年1月29日

プロムナード

　1989年の合計特殊出生率1.57ショック以来，日本では国をあげて少子化対策を打ち出しています。少子化対策の1つに子育て支援が検討される背景に，児童虐待の増加があげられます。児童相談所が児童虐待の統計を取り出した1990年度は1,101件，2009年度には44,221件と急増し，主たる虐待者の6割強が実母であります。母親の子育てに対する負担感の意識が高く，社会や家庭での母親の孤立による育児不安，児童虐待問題の増加にともない，社会全体で子育てを支えることが子育て支援の重点課題として取り上げられています。

　しかし，国の施策としてのワーク・ライフ・バランスはなかなか人びとの間に浸透していない状況であります。子育て支援ネットワークの再生のための拠点作りや，支え合いを促進するためのプログラムの推進が重要とされているが，依然として子育てしやすい社会環境とは言えません。子育ての負担感といった否定的な子育て意識を払拭していく必要があり，家庭のみならず地域・社会全体で子どもを育てていく意識を浸透していくことが，子育て環境も改善されていくことにつながるのではないでしょうか。

学びを深めるために

高橋重宏監修『日本の子ども家庭福祉－児童福祉法制定60年の歩み』明石書店，2007年
　児童福祉法が制定されてからの60年の歴史と，児童福祉全体に関わる領域や権利について論じられた「第Ⅰ部　総論」と，子育てや児童虐待，社会的養護などの課題について述べられた「第Ⅱ部　各論」の2部構成となっている。本書を通してより歴史的背景と今日の課題について理解を深めることができる。

全国社会福祉協議会全国児童養護施設協議会『子ども・家庭福祉の明日に向けて』全国社会福祉協議会全国児童養護施設協議会，2006年
　戦後60年にわたる社会的養護の歩みを理解するうえで貴重な資料である。子どもを取り巻く時代背景をふまえたうえで，戦後の施設養護の実践を通史的に概観し，新たな社会的養護のあり方に向けて多くの示唆を提起している。

　児童福祉法は，次代を担うすべての子どもを対象とした画期的法律として1947年に制定された。その後，時代のニーズや課題に対応し，たびたびの改正がなされた。1997年以降の児童福祉法の改正背景について調べてみよう。

福祉の仕事に関する案内書

河合隼雄『人の心はどこまでわかるか』講談社＋α新書，2000年
津守真『子どもの世界をどうみるか』NHKブックス，1999年

第 6 章

児童福祉に関連する諸法律

1 児童虐待等に関する法律

　1989年国連総会において「子どもの権利条約」が採択され、1989年にわが国は批准した。40条から構成される子どもの権利条約では、子どもを大人と同じ社会を構成する者として認め、父母等の子どもに対する責任や家族の役割の重要性について規定している。しかしながら、児童虐待の相談件数は増加の一途を辿っており子どもの尊い命が奪われている。子どもたちの最善の利益を守り、社会全体の責任として子どもの成長発達を周りにいる大人が適切に関わり受け止めていかなければならない。

(1) 児童虐待の定義

　児童虐待とは、親の一方的な強い感情が子どもに与える不適切な事態であるとともに、子どもの心に深く影響を及ぼす可能性が高い言動である。また虐待に至る親の要因は、複雑に絡み合いながら一過性の感情により表現されることもある。虐待の通報等があって児童相談所が家に出向いたとしても、親が「しつけ」と称した「懲戒権」を公使することで、なかなか職員がもう一歩ふみ込めない現状も危惧されることである。

　2000（平成12）年「児童虐待の防止等に関する法律」（以下「児童虐待防止法」という）が施行された。第1条「この法律は、児童虐待が児童の人権を著しく侵害し、その心身の成長及び人格の形成に重大な影響を与えるとともに、我が国における将来の世代の育成にも懸念を及ぼすことにかんがみ、児童に対する虐待の禁止、児童虐待の予防及び早期発見その他の児童虐待の防止に関する国及び地方公共団体の責務、児童虐待を受けた児童の保護及び自立の支援のための措置等を定めることにより、児童虐待の防止等に関する施策を促進し、もって児童の権利利益の擁護に資することを目的とする。」

　第2条　保護者（親権を行う者、未成年後見人その他の者で、児童を現に監護する者）によって加えられる行為を前提として、第2章でもみたように、以下の4種類に虐待が定義されている。この4種類はお互いに重複して表出されることが多い。

(2) 児童虐待の現状

　児童虐待防止法施行前の平成11年度の児童相談所が受けた児童虐待相談対応件数（図表1－4）は11,631件、施行後の2005（平成17）年度では、34,472件（身体的虐待14,712件42.7％、ネグレクト12,911件37.4％、心理的虐待5,797件16.8％、性的虐待1,052件3.1％）、2006（平成18）年度では37,323件になっている。2008（平成20）年度では42,664件（身体的虐待38.3％、ネグレクト37.3％、心理的虐待21.3％、性的虐待3.1％）と過去最多になっている。

民法822条「懲戒権」

「親権」とは、青年に達しない子を監護、教育し、その財産を管理するため、その父母に与えられた身分上および財産上の権利義務の総称。未成年の子に対して親権を行う者を親権者とよぶ。親権者は親権の適切な行使に配慮することが求められる。これに関して民法822条には「懲戒権」がある。これは、親権者は必要な範囲で自らの子を懲戒できる（同条1項）と規定され、児童虐待がこの行使を超えた解釈によって行われる場合が多い。この「懲戒権」は、児童虐待を正当化するものでもなく、助長するものでもないが、この意味を親権者がとり間違い、その行為が虐待に当たるという意識が低い場合に子どもに重大なダメージを与えすぎてしまい死亡するケースに繋がっていくことが懸念される。

しつけ

「しつけ」とは、もともと人間または家畜の子どもまたは大人が、人間社会・集団の規範、規律や礼儀作法など慣習に合った立ち振る舞い（規範の内面化）ができるように、訓練すること。概念的には伝統的な子どもの「やって良い事（＝ほめられる）」「やってはいけない事（＝罰せられる）」の区別をさせることである。また稲の植え付け、縫い目を整えるために糸で荒く縫うことが本来の意味であり、社会性を身に付けるための生活全般の教育である。

主たる虐待者は実母 21,074 件 61.1％，実父 7,976 件 23.1％となっている。また，被虐待児の年齢構成割合は 0〜3 歳 6,361 件 18.4％，3 歳〜学齢前 8,781 件 25.5％，小学生 13,024 件 37.8％，中学生 4,620 件 13.4％，高校生・その他 1,686 件 4.9％であった。

平成 16 年度の児童虐待相談対応件数は，33408 件（身体的虐待 14,881 件 44.5％，ネグレクト 12,263 件 36.7％，心理的虐待 5,216 件 15.6％，性的虐待 1,048 件 3.1％）になっている。主たる虐待者は実母 20,864 件 62.4％，実父 6,969 件 20.9％となっている。また，被虐待児の年齢構成割合は 0〜3 歳 6,479 件 19.4％，3 歳〜学齢前 8,776 件 26.3％，小学生 12,483 件 37.4％，中学生 4,187 件 12.5％，高校生・その他 1483 件 4.4％であった。

虐待の死亡例についても平成 12 年 11 月から平成 16 年 12 月までの報告で 202 件（210 人）の死亡が確認されている。そのうち 0 歳児の死亡が 39.5％，1 歳児 14.3％，2 歳児 13.8％，3 歳児 11.0％，4 歳児以上 21.4％であった。児童養護施設への新規入所児童のうち，虐待を受けたことのある児童の割合は平成 16 年度 62.1％に上っている。

また全国の市町村が受け付けた平成 18 年度児童虐待に関する相談件数は 45,901 件に上り，前年度より 7,718 件増加している（厚生労働省が 2007 年 4 月 1 日時点の状況について全国 1827 市町村を対象に行った調査に基づく）。相談窓口の担当者は全国に 5,880 人で専任職員は 41％。このうち専門資格をもたない一般事務職員が 1,804 人 31％で，保健士・助産師・看護士が 1,110 人 19％，教員免許をもつ人が 795 人 14％，児童福祉司と同様の資格をもつ人が 663 人 11％となっている。夜間・休日の対応をしている市町村は 1,332 自治体 73％であった。児童虐待事例について市町村と児童相談所の役割分担を文書等で取り決めを行っている市町村は 616 自治体 34％であった。児童家庭相談をするうえでの困難点（複数回答）は，「専門性を有する人材の確保」85％，「職員数の確保」71％，「業務多忙で体制づくりが遅れる」53％等であった。一方，関係機関でつくる要保護児童対策地域協議会か虐待防止ネットワークを設置している市町村は 84％で，2007 年度末までにいずれかを設置する見込みを含めると 95％となる。要保護児童対策地域協議会の効果（複数回答）は「関係機関間の情報の提供や共有がしやすくなった」90％，「児童虐待への理解や関心が高まった」79％であった。

2 児童虐待防止法の改正

(1) 児童虐待防止法改正の背景

2000（平成 12）年に児童虐待の防止等に関する法律が成立してからも児童虐待の事件があとを絶たず，児童相談所（2006 年 4 月現在 191 ヵ所）への虐待相

児童虐待事例における援助の目標

児童虐待事例における援助の目標は，家族の再統合であり親子関係の再構築である。虐待で傷ついた子どもの心のケアとともに，保護者へのケアの両輪を援助していくことが重要である。地域社会での取り組みは児童虐待の防止に直接結びつく重要な鍵となっている。

---

① 身体的虐待
　児童の身体に外傷を生じ，又は生じるおそれのあるような暴行を加えること
② 性的虐待
　児童にわいせつな行為をすること又は児童をしてわいせつな行為をさせること
③ ネグレクト
　児童の心身の正常な発達を妨げるような著しい減食，長時間の放置，保護者の監護を怠ること
④ 心理的虐待
　児童に著しい暴言又は著しく拒絶的な対応，心理的外傷を与える言動を行うこと。児童が同居する家庭における配偶者に対する暴力（配偶者（婚姻の届出をしていないが，事実上婚姻関係と同様の事情にある者を含む。）の身体に対する不法な攻撃であって生命又は身体に危害を及ぼすもの及びこれに準ずる心身に有害な影響を及ぼす言動をいう

談件数は増加傾向にある。そして，虐待による死亡も発生している。このような状況下において，家庭という見えない密室の空間の中でどのようにして実効的に子どもの安全を確認していくのかが改正の焦点であった。虐待と思われる子どもの安全確認を努力義務から義務に改め，家庭訪問の際に子どもの安全を確認できない場合は，都道府県知事による親子の出頭要求制度を新設することになった。

2000年の児童虐待防止法では，子どもの安全において危害が迫っていると判断できれば警察官職務執行法で強制的に解錠が可能となっているが，親のネグレクトで応答がない場合には，児童相談所が，何度も出向いて対応するしかなく，強制的に立ち入ることができなかった。これは，2004年の改正法付則2条9項の見直し規定を踏まえ，児童虐待防止対策の強化を図る観点から，2008年の改正では児童の安全確認等のための立入調査等の強化，保護者に対する面会・通信の制限の強化等をはかるための所用の見直しを行うとともに，児童虐待を行った保護者に「指導を受ける義務」が明文化され，家族の再統合に向けた連携強化等の整備の充実が求められた（くわしくは，(2)の5）参照）。

2010年8月には，児童虐待の恐れがある場合，子どもや保護者の名前がわからなくても「○○号室に住んでいる住民」等の形で出頭要求や強制立ち入りの手続きができるとする通知を全国の自治体に出した。子どもの安全確認を最優先にためらわずに手続きを進めるようになった。

(2) 児童虐待に関連する法律の改正の主な内容

1) 児童福祉法の改正（1997（平成9）年）

主な改正内容

- 子どもの家庭問題等に対応する専門的な支援体制が整えられた。
- 子どもの福祉を最優先するために「児童虐待等に関する児童福祉法の適切な運用について」が通知された。
- この改正によって児童虐待の増加に対し児童相談所が即応できるよう「児童相談所運営指針」の改訂も行われた。

2) 児童虐待の防止等に関する法律の一部を改正する法律の改正（2004（平成16）年4月成立，10月施行）

主な改正内容

- 児童虐待の定義の見直し（保護者以外の同居人による虐待の放置についてもその対象となる）。
- 国及び地方公共団体の責務の改正。
- 児童虐待に関わる通告義務の範囲の拡大（児童虐待を受けたと思われる児童も対象）。

・警察署長に対する援助要請等
・面会・通信制限規定の整備

3）児童福祉法の一部を改正する法律（2004（平成16）年11月成立，17年施行）

主な改正内容

・児童相談に関する体制の充実（児童相談に関し市町村が担う役割を法律上明確化）。
・児童福祉施設・里親等の在り方の見直し。
・保護を要する児童に関する司法関与の強化。

4）「子ども・子育て応援プラン」の策定（2004（平成16）年12月決定）

主な改正内容

・虐待防止ネットワークを全市町村に設置。
・乳幼児健診未受診児など生後4ヵ月までに全乳児の状況把握を全市町村で実施。

5）児童虐待防止法及び児童福祉法の一部を改正する法律（2007年（平成19年）成立，2008（平成20）年4月施行）

　主要な改正点は子どもの安全確保を最優先に考え，児童相談所が裁判所の許可状を得ることによって，児童虐待が疑われる家庭に対して強制的に立ち入れるようになったことにある。つまり，①児童の安全確認等のための立ち入り調査等の強化，②保護者に対する面会・通信等の制限の強化，③保護者に対する指導に従わない場合の措置の明確化，④地方公共団体の責務の明確化の以上の4点である。

　この2008年の児童虐待防止法の改正によって，都道府県知事が児童虐待が行われている恐れがあると認めるときは，親子に出頭要求を求め，親がそれを拒否した場合，児童委員又は児童の福祉に関する事務に従事する職員の立ち入り調査が可能になる。この立ち入り調査を拒否した場合，再度当該保護者に出頭要求を求め，これに応じなければ児童相談所が当該児童の住所又は居所の所在地を管轄する地方裁判所，家庭裁判所又は簡易裁判所の裁判官があらかじめ発する許可状を得て，強制的に住居に立ち入ることができる。しかし，このような強制解錠は何度かの手続き（児童相談所は，証明資料を裁判所に提出する。近隣住民や保育所等からの聞き取り調書，住居の写真，立ち入り調査・出頭要求時の記録等の膨大な資料が必要）を踏むことが前提としてあり，どの程度時間が必要となるのかを子どもの安全とリンクさせながらできるだけ，早期に強制解錠を執行できるようにしなければならない（2008年導入以来実施されたの

は全国で3件，岩手県，香川県，青森県）。

　厚生労働省が児童相談所を設置する66都道府県・指定都市・児相設置市に対して行った調査で，2007（平成19）年4月1日現在，虐待通告を受理してから安全確認を実施するまでの期限を「48時間以内」と設定しているところが57自治体（86％）である。

　児童虐待の要因になるものが多岐にわたっているため，医療，福祉，保健，教育，警察等の地域での関係機関との有機的な連携とともに，地域で暮らす一人ひとりが虐待についての意識を高め防止するネットワークの醸成を図らなければならない。

　また，児童虐待を受けた児童について施設入所した子どもが，連れ戻される恐れがある場合，当該保護者に対して，児童の住所又は居所を明らかにしないことができ，面会，通信の制限も可能となった。そのための接近禁止命令制度も創設し，矯正施設入所のケースについては，知事が親に子どもへの付きまといや施設付近のはいかいを禁じられるようになった。違反すると1年以下の懲役か100万円以下の罰金が科せられることになる。保護者にたいしては，知事が児童相談所の指導を受けるように勧告しても親が応じない場合は，子どもの一時保護や施設入所措置を採れるようになった。この改正法の付則においては，保護された子どもの養育のための里親，児童養護施設等の質・量両面における拡充を充実させることや自立支援に向けた取り組みの強化等が記されている。また地方公共団体に対しては，重大な児童虐待事例の分析を行うこと。要保護児童対策地域協議会の設置に努めるものとして明記された。

6)「児童福祉法の一部を改正する法律」（2008年（平成20年）成立，2009（平成21）年4月施行）

主な改正内容
① 「乳児家庭全戸訪問事業」や，「養育訪問事業」「地域子育て支援拠点事業」等の子育て支援サービスの法定化
② 子どもを守る地域ネットワーク（要保護児童対策地域協議会）の機能強化
③ 養子縁組を前提とした里親と養育里親を区別し，養育里親の要件について一定の研修を修めることとする等の里親制度の見直し
④ 虐待を受けた子ども等を養育者の住居において養育する小規模住居型児童養育事業（ファミリーホーム事業）の創設
⑤ 児童自立生活援助事業について，対象者利用の申込みに応じて提供することとするとともに，義務教育終了後の児童のほか，20歳未満の者を支援の対象として追加する等の見直し。
⑥ 児童養護施設等における虐待を発見した者の通告義務，通告があった場

合の都道府県や都道府県児童福祉審議会等が講ずべき措置等施設内虐待の防止のための規定の創設等となっている[1]。

3 児童虐待に対する諸施策と課題

　児童虐待における援助の目的は，家族機能の再生と親子関係の再構築にある。2001年から児童虐待にかかわる保護者に対して児童相談所が中核となり「カウンセリング強化事業」を実施するとともに，2004年から児童養護施設，乳児院，情緒障害児短期治療施設，児童自立支援施設の全施設に「家庭支援専門員（ファミリーソーシャルワーカー）」を配置した。また地域とのネットワークの構築と関連機関との連携を強化するため「要保護児童対策地域協議会」が法定化され，関係機関の実施状況，連絡調整の総括部門として「虐待・思春期問題情報研修センター」が設置された。

　児童虐待に至る過程の中で，どのような支援と協力体制が必要となるのかを明確にし，具体的な支援策を構築していかなければならない。特に，子どもが生まれる前の段階から系統的な切れ目のない取組みが必要となる。厚生労働省によると2007年1月〜2008年3月までに虐待死した18歳未満のうち，児童福祉法で「乳児」とされる0歳児は47.4％を占め，3歳未満69.2％，6歳未満88.5％，虐待死する子どもの約9割は乳幼児である。特に妊娠したとき，病院と家庭とが連携をとるような体制作りや出産後3ヵ月健診，1歳半健診時において，子どもの様子や家庭での状況など広く子育てに係る不安，悩みを身近に把握できるような機会を構築することである。

　つまり虐待は，子どもの様子が少し気になる程度の早い段階でどのように予防できるのかが最大の課題であるとともに，どのような見通しを立てて，自立に向けた取り組みを有機的な連携をもとに強化していくのかが課題である。2007年度から保健師らが生後4ヵ月以内の乳児がいる家庭の全戸訪問を開始し，早い段階で悩みを抱えている家庭を見つけ母親のサポート支援を行っている。福祉関係者のみならず，医療，保健，教育，警察など広域にわたる関係機関の有機的な連携強化が必要であると同時に，国民運動としての啓発活動を進めて，国民に虐待防止への意識を高めていくことが必要である。地域の人たちと関わっているという実感をもつことが児童虐待の防止に繋がり地域における社会資源を活用することが重要である。また，児童虐待を行った親が児童相談所の指導等を受けて回復し，子どもとともに家庭に戻れることが可能となるが，家庭復帰が難しい場合は，児童福祉法の対象年齢の上限である18歳で自立を余儀なくされることが現状である。

4 配偶者からの暴力の防止および被害者の保護に関する法律

　ドメスティック・バイオレンス（以下，「DV」と略す）は，家庭内における暴力というように直訳できる。「配偶者からの暴力の防止及び被害者の保護に関する法律」（以下，「DV防止法」と略す）が2001（平成13）年4月6日に成立し，同年10月13日から施行された。この法律の前文において，「人権の擁護と男女平等の実現に向けた取組が行われている。ところが，配偶者からの暴力は，犯罪となる行為をも含む重大な人権侵害であるにもかかわらず，被害者の救済が必ずしも十分に行われてこなかった。また，配偶者からの暴力の被害者は，多くの場合女性であり，経済的自立が困難である女性に対して配偶者が暴力を加えることは，個人の尊厳を害し，男女平等の実現の妨げとなっている」このような状況認識を通して「人権の擁護と男女平等の実現を図るためには，配偶者からの暴力を防止し，被害者を保護するための施策を講ずることが必要」という趣旨から「配偶者からの暴力に係る通報，相談，保護，自立支援等の体制を整備することにより，配偶者からの暴力の防止及び被害者の保護を図るため」に制定された。また，2004（平成16）年6月2日に改正法が公布され，DV防止法の更なる拡充が図られた。

　その第1条には「『配偶者からの暴力』とは，配偶者からの身体に対する暴力（身体に対する不法な攻撃であって生命又は身体に危害を及ぼすものをいう。）又はこれに準ずる心身に有害な影響を及ぼす言動（以下この項において『身体に対する暴力等』と総称する）をいい，配偶者からの身体に対する暴力等を受けた後に，その者が離婚をし，又はその婚姻が取り消された場合にあっては，当該配偶者であった者から引き続き受ける身体に対する暴力等を含むものとする。」と規定され，配偶者からの暴力の意味を解釈している。ここでいう離婚とは，婚姻届を出していないが事実上婚姻関係と同様の事情にあった者が，事実上離婚したと同様の事情に入ることも含まれている。また，ここでいう配偶者とは，婚姻届を出していないが事実上婚姻関係と同様の事情にあった者も含まれている。この法律において「被害者」とは，配偶者からの暴力を受けた者をいう。

　また，被害者の自立支援（就業の促進，住宅の確保，援護等の制度の利用等についての情報提供，助言，関係機関との連絡・調整等）も義務づけられ，国や都道府県レベルにおける基本方針と基本計画の策定も行われなければならなくなった。

　被害者の安全を確保するために加害者に対して接近禁止命令と退去命令，それに加えて改正防止法では，元配偶者に対する保護命令と被害者の子どもへの接近禁止命令が加えられた。これは，離婚後も元配偶者からの暴力等によって生命又は身体に重大な危害を受ける恐れが大きい場合，裁判所が保護命令を発

するものである。また15歳未満の被害者の子どもに関して、一定要件のもとで加害者である配偶者の子どもへの6ヵ月間の接近禁止を命ずるものである。ただし15歳以上の子どもに関しては、その当該児童の同意が必要となる。

社会的な支援体制としては、配偶者暴力相談支援センターがより機能を充実させ、必要に応じて民間団体との連携を拡充させなければならない。また、市町村（特別区を含む）レベルにおいて同センター業務の実施が可能となり、より地域に密着し身近に支援を行えるような多様性を充実させなければならない。主な業務内容としては、① 相談及び相談員や相談機関の紹介、② 医学的または心理学的な指導その他必要な指導、③ 被害者の一時保護、④ 自立支援のための諸施策、⑤ 保護命令に関する助言等、関係機関との連絡調整等、⑥ 被害者を保護する施設に関する情報提供等がある。

このほか、福祉事務所に配置されている婦人相談員、市町村等の相談窓口等の相談機関がある。相談機関の役割を十分に機能させるためには、職員体制の充実とともに、職員自身の研修体制の充実が必要となる。また、一時保護所としては、婦人保護施設・母子生活支援施設・民間シェルター等がある。より広域的なネットワークの確立が必要となる。

児童虐待防止法の改正法においては、特に、加筆された虐待行為の範囲拡大として、同居人による虐待と同様の行為を放置するなど保護者が適切対応を怠った場合、保護者のネグレクトに当たることが規定されている。また、児童の目前でのドメスティック・バイオレンスが行われた場合においても、児童の被害が間接的な状況であっても虐待の定義に当てはまることが規定されている。

DV法が拡充する中で、デートDVの被害が広がってきている。交際相手からの暴力である。DV法は対象者を事実婚、内縁を含む配偶者として限定している。そのため被害者が交際相手の場合（ここには同性愛者のカップルも含まれる）、DV法に基づいた公的シェルターが利用できないだけでなく、保護命令も裁判所に申し立てることもできない現実である。DVでの被害者の救済が急務であると共にその対象者を非婚で利用できない現実を変えていかなければならないと考えられる。

5　母子及び寡婦福祉法

母子家庭の生活の安定と向上を目的として昭和39年「母子福祉法」が制定され、昭和56年「母子及び寡婦福祉法」と改められた。寡婦とは配偶者のない女子として児童を扶養していたことのある者である。

この法律の目的は、第1条「この法律は、母子家庭等及び寡婦の福祉に関する原理を明らかにするとともに、母子家庭等及び寡婦に対し、その生活の安定と向上のために必要な措置を講じ、もつて母子家庭等及び寡婦の福祉を図るこ

DV被害者の生命や身体に危害が加えられることを防止するために次の第10条保護命令が以下のように規定されている。
1　命令の効力が生じた日から起算して六月間、被害者の住居その他の場所において被害者の身辺につきまとい、又は被害者の住居、勤務先その他その通常所在する場所の付近をはいかいしてはならないこと。
2　命令の効力が生じた日から起算して二月間、被害者と共に生活の本拠としている住居から退去すること及び当該住居の付近をはいかいしてはならないこと。
3　面会をすること。
4　その行動を監視していると思わせるような事項を告げ、又はその知り得る状態に置くこと。
5　著しく粗野又は乱暴な言動をすること。
6　電話をかけて何も告げず、又は緊急やむを得ない場合を除き、連続して、電話をかけ、ファクシミリ装置を用いて送信し、若しくは電子メールを送信すること。
7　緊急やむを得ない場合を除き、午後十時から午前六時までの間に、電話をかけ、ファクシミリ装置を用いて送信し、又は電子メールを送信すること。
8　汚物、動物の死体その他の著しく不快又は嫌悪の情を催させるような物を送付し、又はその知り得る状態に置くこと。
9　その名誉を害する事項を告げ、又はその知り得る状態に置くこと。
10　その性的羞恥心を害する事項を告げ、若しくはその知り得る状態に置き、又はその性的羞恥心を害する文書、図画その他の物を送付し、若しくはその知り得る状態に置くこと。

と」である。

　また，第6条において「この法律において『配偶者のない女子』とは，配偶者と死別した女子であつて，現に婚姻をしていないもの及びこれに準ずる次に掲げる女子をいう。
一　離婚した女子であつて現に婚姻をしていないもの
二　配偶者の生死が明らかでない女子
三　配偶者から遺棄されている女子
四　配偶者が海外にあるためその扶養を受けることができない女子
五　配偶者が精神又は身体の障害により長期にわたつて労働能力を失っている女子
2　この法律において「児童」とは，二十歳に満たない者をいう。
3　この法律において「寡婦」とは，配偶者のない女子であつて，かつて配偶者のない女子として民法第877条の規定により児童を扶養していたことのあるものをいう。
4　この法律において「母子家庭等」とは，母子家庭及び父子家庭をいう。
5　この法律において「母等」とは，母子家庭の母子及び父子家庭の父をいう。」

（1）母子及び寡婦福祉法の一部改正（2003（平成15）年に改正施行）
1）扶養義務の履行
　母子家庭等の児童の親は，扶養義務の履行に努めるとともに，当該児童を監護しない親の扶養義務の履行を確保するように努めなければならないものとした。また，国および地方公共団体は，扶養義務の履行を確保するために努めなければならないものとした。

　また，国および地方公共団体は，扶養義務の履行を確保するために広報その他適切な措置を講ずるように努めなければならないものとした。

2）母子家庭及び寡婦自立促進計画
　都道府県は，基本方針に即し，母子家庭及び寡婦自立促進計画を策定し，または変更しようとするときは，あらかじめ，母子福祉団体その他の関係者の意見を反映させるために必要な措置を講ずるとともに，その内容を公表することとした。

3）母子福祉資金の貸付け
　都道府県知事による母子福祉資金の貸付けの対象として，配偶者のない女子が現に扶養している児童および配偶者のない女子で現に児童を扶養しているものの自立の促進を図るための事業として政令で定める事業を行う母子福祉団体

を追加した。

また，配偶者のない女子が現に扶養している児童に対して貸し付けることができる母子福祉資金は，修学資金，修業資金，就職支度資金および就学支度資金とした。

4）母子家庭等日常生活支援事業および寡婦日常生活支援事業

「母子家庭居宅介護等事業」の名称を「母子家庭等日常生活支援事業」に改めるとともに，当該事業の対象者として「配偶者と死別した男子で現に児童を扶養しているもの」を，当該事業の実施場所として「厚生労働省令で定める場所」をそれぞれ追加した。

「寡婦居宅介護等事業」の名称を「寡婦日常生活支援事業」に改めるとともに，当該事業の実施場所として「厚生労働省令で定める場所」を追加した。

また，母子福祉施設の種類は，第39条の規定により，母子福祉センターと母子休養ホームの2種類である。母子福祉センターは，無料または低額な料金で，母子家庭に対して，各種の相談に応ずるとともに，生活指導および生業の指導を行う等母子家庭のための便宜を総合的に供与することを目的とする施設とする。2006（平成18）年現在68ヵ所設置されている。

母子休養ホームは，無料または低額な料金で，母子家庭に対して，レクリエーションその他休養のための便宜を供与することを目的とする施設とする。2006（平成18）年5ヵ所設置されている。

6 母子保健法

母子保健法は，母性並びに乳幼児の健康の保持・増進を図るため，母子保健に関する原理を明らかにしながら，健康診査，保健指導，医療その他の措置を講じて，国民保健を向上させることを目的に1965（昭和40）年に制定された。すべての児童が健やかに生まれ，育てられる基盤となる母性を尊重，保護し，乳幼児が心身ともに健全な人として成長していくために，その健康が保持，増進されなければならないとしている。

さらに，①健康診査，保健指導，訪問指導の実施主体を地域住民に密着した市町村にする，②父親の役割を見直す，③必要な医療施設の整備，健康の保持増進に必要な調査研究を推進する，④児童福祉や学校保健との連携を強化する，⑤慢性疾患児の療育指導を強化する，等の内容を盛り込んで1994（平成6）年に改正，1997（平成9）年から完全実施された。

母子保健法第1条「この法律は，母性並びに乳児及び幼児の健康の保持及び増進を図るため，母子保健に関する原理を明らかにするとともに，母性並びに乳児及び幼児に対する保健指導，健康診査，医療その他の措置を講じ，もつて

国民保健の向上に寄与することを目的とする。」

第6条は母子保健対象の定義を次のように規定している。「この法律において『妊産婦』とは，妊娠中又は出産後一年以内の女子をいう。2　この法律において『乳児』とは，満一歳に満たない者をいう。3　この法律において『幼児』とは，満一歳から小学校就学の始期に達するまでの者をいう。4　この法律において「保護者」とは，親権を行う者，未成年後見人その他の者で，乳児又は幼児を現に監護する者をいう。5　この法律において『新生児』とは，出生後二十八日を経過しない乳児をいう。6　この法律において『未熟児』とは，身体の発育が未熟のまま出生した乳児であつて，正常児が出生時に有する諸機能を得るに至るまでのものをいう。」

次に第16条では「市町村は，妊娠の届出をした者に対して，母子健康手帳を交付しなければならない。」と母子健康手帳の交付について規定している。

第22条において「市町村は，必要に応じ，母子健康センターを設置するように努めなければならない。2　母子健康センターは，母子保健に関する各種の相談に応ずるとともに，母性並びに乳児及び幼児の保健指導を行ない，又はこれらの事業にあわせて助産を行なうことを目的とする施設とする。」

(1) 母子保健サービスについて

1) 妊娠婦健康診査

流・早産や妊娠高血圧症候群，未熟児出産などを予防するためには，ハイリスク妊娠を可能な限り早期に把握し，妊娠の健康管理を推進したい。そこで，一般の病院，市町村保健センター，母子健康センターなどで妊娠婦健診が行われている。

2) 乳児健康診査

乳児の身体計測，全身状態の観察，一般的な問診や診察を行いながら，各種の疾病，発達の遅れ，視聴覚異常等を見いだして，適切な事後指導を行うことである。異常を発見するだけでなく，育児支援として，経過観察を行いつつ，不安の起こらないようにサポートしたり，何か問題をもっている親に助言したり相談にのったり，親同士の交流の機会を設けたり，家庭環境や親子関係などを考慮しながら，子どもたちの健康レベルを向上させることが目的である。

3) 1歳6か月児健康診査，3歳児健康診査

1歳6か月（～2歳未満）児を対象にした健康診査のことであり，市区町村を実施主体として，1977（昭和52）年度に始められた。3歳児健康診査は，3歳（～4歳未満）児を対象にした健康診査のことであり，1歳6か月児健診より16年前の1961（昭和36）年度に始められた。

4）就学時健康診査

　小学校に入学する前年の11月末までに市町村教育委員会が実施する。学校保健安全法により，子どもの心身障害や疾病を発見し，就学指導を行い，通常学校，特別支援学校（旧，盲学校，ろう学校，養護学校），特別支援学級への就学が決められる。

5）保健指導

　異常を発見するだけでなく，育児支援として経過観察を行いつつ不安の起こらないようにサポートしたり，問題のある親に助言したり相談にのったり，親同士の交流の機会を設ける支援，そして，育児環境や親子関係なども配慮しながら子どもたちの健康レベルを向上させることである。

6）妊産婦訪問指導

　母子保健法に基づき市町村は，妊産婦のいる家庭を，主として助産師に訪問させ，必要な指導を行っている。

7）新生児訪問指導

　新生児は，抵抗力が弱いため疾病に罹りやすく，しかも些細な事故による傷害が発生しやすいので，育児上，特に注意を要する。

8）未熟児訪問指導

　低出生体重児の届出などに基づき，未熟児が育てられている家庭を，保健所の保健師，助産師，医師などが訪問し，必要な指導を行う事業である。

9）母子健康手帳

　妊娠中から，子どもが生まれ，小学校に入学するまでの健康管理，健康記録として大切な手帳であり，母子保健法に規定されている。妊娠が確定したら，市区町村に届け出て，母子健康手帳の交付を受ける。

10）予防接種

　予防接種では，特に重要な感染症を予防するために，ワクチンを接種して能動的に，その感染症に対して抵抗力（免疫）をつけさせる。

11）未熟児療養医療

　未熟児は医学的なケアを必要とする場合が多く，療育のため医療を必要とする未熟児を病院に入院させ必要な医療を給付したり，それが不可能な場合には，必要な医療を受けるための費用を支弁する事業である。

12）自立支援医療（育成医療）

従来の育成医療は、身体に障害のある児童が、生活の能力を得るために必要な医療給付を行う。

13）小児慢性特定疾患治療研究事業

小児の慢性疾患のなかで、治療しないと子どもの発育や生命に重大な影響を及ぼし、治療期間が長期で、かつ高額な治療費を要する疾患を小児慢性特定疾患として、小児慢性特定疾患治療研究事業で対象としている。

7 児童手当法・児童扶養手当法・特別児童扶養等の支給に関する法律

（1）児童手当法

第1条（目的）児童手当制度は「この法律は、児童を養育している者に児童手当を支給することにより、家庭における生活の安定に寄与するとともに、次代の社会をになう児童の健全な育成及び資質の向上に資することを目的とする。」

児童手当制度は、2006年に支給対策年齢を小学校3年生から小学校6年生までに拡大され、所得制限も引き上げられた。また2007年には、3歳未満の子ども月額第1子・第2子の5000円から一律1万円に引き上げられた。また次代の社会を担う子どもの健やかな育ちを支援するためとした趣旨で2010（平成22）年に子ども手当が創設された（児童手当は廃止）。中学生までの子どもが対象となる。介護施設等で働く外国人など日本国籍をもたない在日外国人労働者にも自国に子どもの人数が証明されれば支給するとしている。これは支給条件に「子どもの日本国内居住」を義務付けていないため母国に子どもを残している場合にも支給される。

支給額は一律月1万3千円、年15万6千円になる。しかし、15歳以下の子どもがいる世帯を対象にした扶養控除は所得税が2011年1月、住民税が2012年6月にそれぞれ廃止され、税負担は重く家庭にのしかかることが予想される。児童手当は受給家庭所得が一定以上だと支給されないが子ども手当はすべて支給である。その条件は「国内に居住している。監護のある（養育・監督をしている）親」となっている。しかしながら、両親が海外赴任で国内に居住していなく、子どもが国内の全寮制の中学校に通っている場合は支給対象外となる。また少年院にいる子ども、里親に預けられている子ども、両親がおらず児童養護施設等に入所する子ども等は支給対象から外れる。

（2）児童扶養手当法

第1条（目的）「この法律は、父と生計を同じくしていない児童が育成される家庭の生活の安定と自立の促進に寄与するため、当該児童について児童扶養

手当を支給し，もって児童の福祉の増進を図ることを目的とする。

手当の支給対象となる児童は，① 父母が婚姻を解消した児童，② 父が死亡した児童，③ 父が政令で定める程度の障害の状態にある児童，④ 父の生死が明らかでない児童，⑤ その他前各号に準ずる状態にある児童で政令で定めるものである。

また，手当額は，月を単位として支給するものとし，その額は，一月につき，4万1100円とする。ただし，受給資格者の前年の収入金額が一定額以上である場合，手当の額を一部減じて支給。

改正児童扶養手当法は，2010年8月からこれまで母子家庭だけが支給対象であったが，低所得の父子家庭にも支援を拡大することが決定した。また改正児童扶養手当法の付帯決議が記され，以下の3点について政府に対して検討課題とした。

① 配偶者暴力や子どもへの虐待によって別居し，事実上離婚状態にある世帯の母や父に手当てが支給されるよう検討する。
② 公的年金受給者に対する手当の支給制限については，家庭の所得水準を考慮する。
③ 手当を5年間受給した場合の一部支給停止措置について運用上の改善検討が必要。

(3) 特別児童扶養手当等の支給に関する法律

障害のある子どもについての現状での課題は，ひとつは，障害者自立支援法による応益負担，利用の契約制等についての問題，2つは，障害のある子どもの施設の改善と充実にある。また障害をもつ子どもに関わる手当としては，障害児福祉手当と特別児童扶養手当がある。

1966（昭和41）年に「重度精神薄弱児扶養手当法」（1964（昭和39）年成立）が名称を変更し「特別児童扶養手当法」になった。1972年に内部障害等の障害児も含むようになり，また1975年からは，重度の障害児のみから中度障害児までその対象児童が拡大された。

第1条（目的）「この法律は，精神又は身体に障害を有する児童について特別児童扶養手当を支給し，精神又は身体に重度の障害を有する児童に障害児福祉手当を支給するとともに，精神又は身体に著しく重度の障害を有する者に特別障害者手当を支給することにより，これらの者の福祉の増進を図ることを目的とする。」

第2条（用語の定義）「この法律において，『障害児』とは，20歳未満であつて，第五項に規定する障害等級に該当する程度の障害の状態にある者をいう。2 この法律において『重度障害児』とは，障害児のうち，政令で定める程度の重度の障害の状態にあるため，日常生活において常時の介護を必要とする

> **障害児福祉手当**
> 精神または身体に重度の障害を有するため，日常生活において常時の介護を必要とする状態にある在宅の20歳未満の者に月額14,380円が支給される。

者をいう。

　この法律において『特別障害者』とは、20歳以上であつて、政令で定める程度の著しく重度の障害の状態にあるため、日常生活において常時特別の介護を必要とする者をいう。」

第4条（手当額）「手当は、月を単位として支給するものとし、その月額は、障害児一人につき3万3300円とする。」

8 次世代育成支援対策推進法・少子化社会対策基本法

　2009年の人口動態統計の年間推計（出生数）は、前年比2万2000人減の106万9000人と推計され前年から減少に転じた。合計特殊出生率は、前年並みの1.37にとどまった。

　2002年に政府は出生率の低下に対する対策として少子化対策プラスワンを打ち出す。「育児と仕事の両立支援」に「男性を含めた働き方の見直し」「地域における子育て支援」「社会保障における次世代育成支援」「子どもの社会性の向上や自立の促進」が追加され、2003年に「次世代育成支援対策推進法」が10年間の時限立法として施行された。また市町村は5年を一期として市町村行動計画を策定するものと規定している。

（1）次世代育成支援対策推進法

第1条（目的）「この法律は、我が国における急速な少子化の進行並びに家庭及び地域を取り巻く環境の変化にかんがみ、次世代育成支援対策に関し、基本理念を定め、並びに国、地方公共団体、事業主及び国民の責務を明らかにするとともに、行動計画策定指針並びに地方公共団体及び事業主の行動計画の策定その他の次世代育成支援対策を推進するために必要な事項を定めることにより、次世代育成支援対策を迅速かつ重点的に推進し、もって次代の社会を担う子どもが健やかに生まれ、かつ、育成される社会の形成に資することを目的とする。」

第3条（基本理念）「次世代育成支援対策は、父母その他の保護者が子育てについての第一義的責任を有するという基本的認識の下に、家庭その他の場において、子育ての意義についての理解が深められ、かつ、子育てに伴う喜びが実感されるように配慮して行われなければならない。」

（2）少子化社会対策基本法

　2003年、少子化に対応する施策を総合的に推進する法律として「少子化社会対策基本法」が成立、これに基づき2004年「少子化社会対策大綱」が閣議決定された。

平成20年 次世代育成支援対策推進法改正の概要

（1）国および地方公共団体の連携
　　国および地方公共団体は、相互に連携を図りながら次世代育成支援対策の推進に努めることとされた。
（2）市町村行動計画および都道府県行動計画に関する見直し
　①　行動計画策定指針の記載事項として、市町村行動計画において保育の実施の事業等の目標等を定めるに当たって参酌すべき標準が追加された。
　②　市町村および都道府県が行動計画を策定または変更しようとするときは、事業主、労働者その他の関係者の意見を反映させるために必要な措置を講ずるよう努めるものとされた。
　③　市町村および都道府県は、定期的に、行動計画に基づく措置の実施状況に関する評価を行い、必要に応じて行動計画の変更等の措置を講ずるよう努めるものとされた。

第1条（目的）「この法律は，我が国において急速に少子化が進展しており，その状況が21世紀の国民生活に深刻かつ多大な影響を及ぼすものであることにかんがみ，このような事態に対し，長期的な視点に立って的確に対処するため，少子化社会において講ぜられる施策の基本理念を明らかにするとともに，国及び地方公共団体の責務，少子化に対処するために講ずべき施策の基本となる事項その他の事項を定めることにより，少子化に対処するための施策を総合的に推進し，もって国民が豊かで安心して暮らすことのできる社会の実現に寄与することを目的とする。」

図表6-1　次世代育成支援対策推進法の趣旨

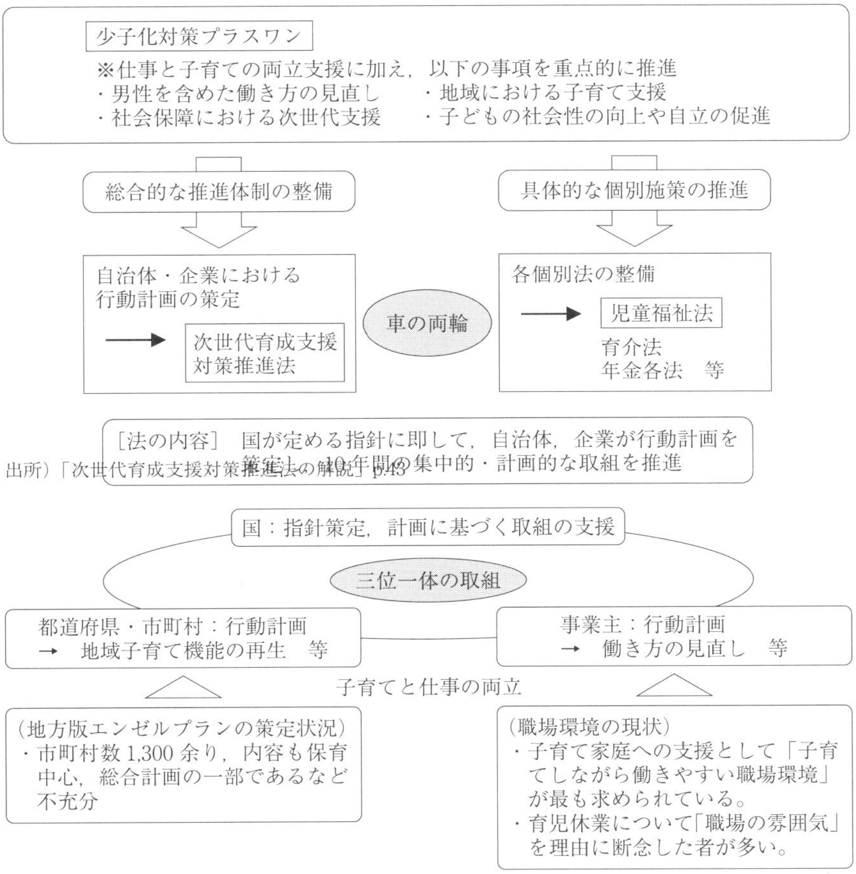

[少子化対策プラスワン]
※仕事と子育ての両立支援に加え，以下の事項を重点的に推進
・男性を含めた働き方の見直し　・地域における子育て支援
・社会保障における次世代支援　・子どもの社会性の向上や自立の促進

総合的な推進体制の整備 / 具体的な個別施策の推進

自治体・企業における行動計画の策定 → 次世代育成支援対策推進法
車の両輪
各個別法の整備 → 児童福祉法，育介法，年金各法　等

[法の内容] 国が定める指針に即して，自治体，企業が行動計画を策定し，10年間の集中的・計画的な取組を推進

国：指針策定，計画に基づく取組の支援
三位一体の取組

都道府県・市町村：行動計画 → 地域子育て機能の再生　等
事業主：行動計画 → 働き方の見直し　等

子育てと仕事の両立

（地方版エンゼルプランの策定状況）
・市町村数1,300余り，内容も保育中心，総合計画の一部であるなど不充分

（職場環境の現状）
・子育て家庭への支援として「子育てしながら働きやすい職場環境」が最も求められている。
・育児休業について「職場の雰囲気」を理由に断念した者が多い。

出所）「次世代育成支援対策推進法の解説」p.43

(3) 一般事業主行動計画に係る見直し
① 一般事業主行動計画の策定および届出の義務が課せられる範囲を，常時雇用する労働者の数が100人を超えるものへと拡大するとともに，行動計画の策定および届出の努力義務が課せられる範囲について，300人以下のものから100人以下のものに変更された。
② 一般事業主行動計画の策定および届出の義務が課せられている一般事業主は，行動計画を公表および労働者に周知しなければならないものとするとともに，行動計画の策定および届出の努力義務が課せられている一般事業主は，行動計画を公表および労働者に周知するよう努めなければならないものとされた。
③ 特定事業主は，特定事業主行動計画を職員に周知しなければならないものとするとともに，毎年少なくとも1回，行動計画に基づく措置の実施状況を公表しなければならないものとされた。
平成21年4月1日。ただし，2(1)(2)①②は平成21年3月1日，1(2),2(2)③は平成22年4月1日，2(3)①は平成23年4月1日。施行

9 売春防止法

わが国においては，明治近代国家成立以降，公娼制度の廃止が唱えられてきたが，それが達成されたのは戦後 1946（昭和 21）年のことである。そして，それから売春防止法が成立する昭和 31 年までの期間，公的責任による売春を行う女子に対する保護は行われていなかった。しかし，民間では明治 26 年に保護施設として慈愛館が矢島かじ子によって設立された。また，明治 33 年には救世軍の婦人救済所が設立され，民間の人道主義者が熱心に売春婦の保護を行っていた。

「売春防止法」は 1956（昭和 36）年に成立，翌年施行された。

「売春防止法」の目的は，第 1 条「この法律は，売春が人としての尊厳を害し，性道徳に反し，社会の善良の風俗をみだすものであることにかんがみ，売春を助長する行為等を処罰するとともに，性行又は環境に照して売春を行うおそれのある女子に対する補導処分及び保護更生の措置を講ずることによつて，売春の防止を図ることを目的とする。」

また売春の定義では，第 2 条「この法律で『売春』とは，対償を受け，又は受ける約束で，不特定の相手方と性交すること」と定義している。

第 3 条において「何人も，売春をし，又はその相手方となつてはならない」と規定し，売買春行為を禁止している。また第 34 条では「都道府県は，婦人相談所を設置しなければならない。婦人相談所は，性行又は環境に照して売春を行うおそれのある女子の保護更生に関する事項について，主として次の各号の業務を行うものとする。一 要保護女子に関する各般の問題につき，相談に応ずること。二 要保護女子及びその家庭につき，必要な調査並びに医学的，心理学的及び職能的判定を行い，並びにこれらに附随して必要な指導を行うこと。三 要保護女子の一時保護を行うこと。」等の業務を主にしている。婦人相談員は，婦人相談所を中心に関係機関との調整連携を行い早期発見・相談・支援等を行っている。

第 36 条「都道府県は，要保護女子を収容保護するための施設（以下「婦人保護施設」という。）を設置することができる」と規定され，任意設置となっている。しかしながら売春行為を禁止したとしても利益を売春から得る行為のみに焦点が当てられ，売春行為そのものへの具体的な刑罰は無いということが今後の課題となる。

注）
1) 厚生統計協会編『国民福祉動向 2010/2011』厚生統計協会，2010，p. 66

参考文献

社会福祉法人恩賜財団母子愛育会・日本子ども家庭総合研究所編『日本子ども資料年鑑2007』KTC中央出版，2007年

社会福祉士養成講座編集委員会編『15 児童や家庭に対する支援と児童・家庭福祉制度』中央法規出版，2010年

「平成18年社会福祉施設等調査結果の概況」厚生労働省大臣官房統計情報部，2007年

「子ども虐待死による死亡事例等の検証結果等について（概要）」社会保障審議会児童部会 児童虐待等要保護事例の検証に関する専門員会報告 第一次報告（平成17年4月28日）第二次報告（平成18年3月30日）第三次報告（平成19年6月22日）

『社会福祉関係施策資料集28』全国社会福祉協議会，2010年

仲村優一ほか編『社会福祉教室』有斐閣選書，1989年

社会福祉の動向編集委員会編集『社会福祉の動向（2009）』中央法規，2009年

社会福祉の動向編集委員会編集『社会福祉の動向（2010）』中央法規，2010年

> **プロムナード**
>
> 　総務省が2010年5月に発表した15歳未満の子どもの数（推計人口）は，前年より19万人少なく1694万人。この数字は，総人口（1億2739万人）の13.3％で，過去最低となり，少子化の進行が改めて浮き彫りとなりました。一方で，長引く不況とともに，共働き家庭が増加し，全国に約2万3000か所ある保育所が足りず待機児童（2万5384人，2009年4月現在厚労省調査）の増加が社会問題となっています。また共働き家庭の小学生が放課後過ごす学童保育も必要性が高まる一方でさまざまな問題が浮き彫りとなっています。児童が安心して放課後過ごせるためにも学童保育の適正規模，職員の配置・資格等の明確な運営基準が法的に定められて運用していかなければ本来の「子どもの最善の利益」を守ることにならないのではないでしょうか。

学びを深めるために

次世代育成支援対策研究会監修「次世代育成支援対策推進法の解説」 社会保険研究所
　この法律は，急速な少子化に対応するため次世代支援対策に関し，基本理念を含め行動計画策定指針，地方公共団体，事業主の行動計画について詳細に解説している参考書である。

　児童相談所が地域においてどのような役割をもっているのかを調べてみましょう。

　児童虐待が起こるプロセスにどのような専門職の介入が考えられるのか調べてみましょう。

福祉の仕事に関する案内書

週刊社会保障編集部編『社会保障便利事典』法研，各年版

第 7 章

児童・家庭福祉制度における組織および団体の役割と実際

1　市町村・都道府県・国の役割

(1) 国・地方公共団体の責務

　憲法第25条第2項に「国は，すべての生活部面について，社会福祉，社会保障及び公衆衛生の向上及び増進に努めなければならない。」とあるように，わが国における社会福祉のあり方については公的責任の側面が強い。この考えは，児童・家庭福祉にも反映されており，児童福祉法第2条には，「国及び地方公共団体は，児童の保護者とともに，児童を心身ともに健やかに育成する責任を負う。」と規定され，また母子及び寡婦福祉法第3条でも，「国及び地方公共団体は，母子家庭等及び寡婦の福祉を増進する責務を有する。」とあるように，国や地方公共団体が子どもの育成や母子家庭等の福祉に責任を負うことが明記されている。

　これは，親が育児不可能な状態になった時などに，公的責任で子どもを保護するといった限定的なものではなく，すべての子どもや家庭を対象とし，積極的に育児等の基盤を整えていくための責任を，国や地方公共団体が負っているという考え方である。この考え方に従って，現在のわが国の実情に応じた児童・家庭福祉施策が実施され，国や地方公共団体はそれぞれ役割を分担し，児童・家庭福祉を推進している。

(2) 市町村の役割と実際

1) 市町村の役割

　児童・家庭福祉における行政サービスでは，少子化や，子育てニーズの増大と多様化に伴い，すべての子育て家庭における児童の養育支援を実現するために，住民にとって最も身近な行政機関である市町村の役割が注目されている。

　児童福祉法は，近年，改正のたびに市町村の役割を強化しており，2003年の改正では，子育て支援事業の実施に努めるよう，市町村事務として法定化するとともに，保護者が適切な子育て支援事業を利用できるように，子育て支援事業に関する情報の提供，相談，助言，利用のあっせん，調整，子育て支援事業者に対する要請といった子育て支援サービスに関する総合的な調整業務を市町村の役割として位置づけた。また2004年の改正では，市町村を児童相談の一義的な窓口として位置づけ，児童の福祉に関し，必要な実情の把握および情報の提供を行うとともに，家庭その他からの相談に応じ，必要な調査および指導を行うことを規定した。これらの改正に伴って，厚生労働省は2005年に，市町村児童家庭相談援助指針を策定し，市町村の児童家庭相談における基本的な態度や，都道府県との役割分担や連携の在り方を示している。さらに2008年の改正では，子育て支援事業として，家庭的保育事業（保育ママ），すべての子どもを対象とした一時預かり事業（旧，一時保育事業），乳児家庭全戸訪問

市町村児童家庭相談援助指針

各市町村における相談援助活動で，子どもの状況等を的確にとらえ，個々の子どもや家庭に最も効果的な援助を行い，子どもの権利を擁護することを目的に，2005年に厚生労働省が策定した技術的な指針。

事業（こんにちは赤ちゃん事業），養育支援訪問事業および地域子育て支援拠点事業（旧，地域子育て支援センター事業とつどいの広場事業を統合・発展させたもの）を創設し，市町村において，一定の質を確保しつつ，多様な主体による保育サービスの普及促進とすべての家庭における子育て支援の拡充を図ることとしている。

また，母子保健法においては，妊娠から出産，育児に関する支援として，母子健康手帳の交付，妊産婦や乳幼児の保護者等への保健指導の実施，幼児の健康診査が市町村の義務として規定されており，新生児に対する訪問指導，栄養の摂取に関する援助等が努力義務として規定されているほか，「児童虐待の防止等に関する法律」（児童虐待防止法）においても，児童虐待を受けたと思われる児童を発見した場合の通告先として市町村が位置づけられており，通告を受けた場合，当該児童との面会等，児童の安全の確認を行うための措置を講じるとともに，児童相談所等と連携をとりつつ，速やかに対応することが求められている。

> **幼児の健康診査**
> 母子保健法第12条に定められる健康診査。成長・発達の状態や育児上の問題を早期発見，早期対応するために1歳6か月～2歳の幼児と，3歳～4歳の幼児に対して市町村が実施する。また同法13条では，妊産婦・乳児等に対しても，必要に応じて健康診査を行うよう規定しており，合わせて妊婦健診，乳幼児健診とも称される。

このように市町村には，さまざまな事業等を通じ地域住民とフェイス・トゥ・フェイスで接することで，住民の児童・家庭福祉ニーズを敏感にキャッチし，問題意識をもちながら積極的に関わっていくという，第一線での役割が期待されている。

2）市町村における児童・家庭福祉の実際

厚生労働省が策定した市町村児童家庭相談援助指針では，市町村が行うべき役割として，① 予防と早期発見に視点をおいた活動の推進，② 相談・通告への対応，③ 調査，④ 援助方針の決定，援助の実施，再評価，⑤ 相談援助活動，⑥ 施設退所後の相談・支援（アフターケア）が示されており，それぞれの具体的な援助指針は以下のとおりである。

① 予防と早期発見に視点をおいた活動の推進

乳幼児健康診査，新生児訪問等の母子保健事業や育児支援家庭訪問事業等の子育て支援事業において，児童虐待防止の視点を強化し，虐待のハイリスク家庭等養育支援を必要とする家庭を早期に発見して適切な支援活動を行うこと。

育児負担の軽減や養育者の孤立化を防ぐために，地域の一般子育て支援サービスを紹介する等，受理した相談を地域の育児支援機関へとつなげること。

地域の実情に応じて広く関係機関等とネットワーク体制を構築したうえで，保健，医療および福祉等がそれぞれの役割を明確化し，連携を図りながら児童虐待の発生を未然に防止すること。

その他，地域住民に対して，子どもの人権尊重や児童虐待防止のための取組みの必要性等について啓発していくことも併せて推進していくこと。

② 相談・通告への対応

　狭義の要保護児童問題のみでなく，子どもに関する各種の相談を幅広く受け付けること。虐待相談においては特に受付段階の対応が重要であり，その後の対応に決定的な影響を与えることもあることを十分注意し，積極的に通告として対応するよう努めること。

　児童虐待相談等，緊急に一時保護が必要など児童相談所に送致することが必要と判断した場合は，緊急受理会議を開いて当面の方針を検討すること。

③ 調査

　調査は子ども，保護者等の状況等を知り，それによってその子ども，保護者等にどのような援助が必要であるかを判断するために行われるものであり，信頼関係が樹立できるよう，子どもや保護者等の気持ちに配慮しつつ，その子どもおよび家庭の事情等に詳しいと考えられる関係者，関係機関と密接な連絡をとる等，迅速かつ的確な情報収集に努めることにより早期対応を図ること。

　子どもの安全確認を行う際には，子どもに会って確認することを基本とすること。

④ 援助方針の決定，援助の実施，再評価

　適時にケース検討会議を開催し，調査の結果に基づく，子どもと保護者に対する最も効果的な相談援助方針を作成，確認すること。またケースの終結や変更の際も検討を行うこと。

　援助内容の決定に当たっては，子どもや保護者等に対して十分説明を行い，その意向等を踏まえて策定すること。

⑤ 相談援助活動

　市町村の子どもに関する相談・通告への対応としては，市町村自らが中心となって対応するものと他機関にケースを送致するものの2つに大きく分かれる。

　市町村が中心となって対応するものとして，1回ないし数回の助言，指示，説得，承認，情報提供等の適切な方法により，問題が解決すると考えられる子どもや保護者等に対する「助言指導」と，継続的な支援が必要な子どもや保護者等に継続的にソーシャルワークやカウンセリング等を行う「継続指導」，他の専門機関において，治療，指導，訓練等を受けること等，関連する制度の適用が適当と認められるケースについての「他機関紹介」がある。また，他機関にケースを送致するものとしては，児童相談所への送致，福祉事務所での知的障害者福祉司または社会福祉主事による指導，助産または母子保護の実施に係る都道府県知事への報告がある。

⑥ 施設退所後の相談・支援（アフターケア）

　施設を退所した子どもが新しい生活環境の下で安定した生活を継続できるよう，児童相談所等の関係機関と連携・協力し，子どもに対し相談や定期的な訪問等を行い，子どもを支え，見守るとともに，家族等に対しても精神的な支援

や経済的支援を行い家族が抱えている問題の軽減化を図ることにより，子どもの生活環境の改善に努めること．

(3) 都道府県の役割と実際
1) 都道府県の役割

　都道府県は，地方自治法において，市町村を包括する広域の地方公共団体として，広域にわたる事務，市町村に関する連絡調整，規模または性質上市町村が処理することが適当でないものを処理すると規定されている．

　児童・家庭福祉における都道府県の役割について，児童福祉法では，①市町村の業務の実施に関し，市町村相互間の連絡調整，市町村に対する情報の提供，市町村職員の研修その他必要な援助を行うこと．②児童および妊産婦の福祉に関し，広域的な見地からの実情把握，専門的な知識および技術を必要とする相談への対応，必要な調査並びに専門的な判定と指導，児童の一時保護，里親の相談への対応と援助を行うことが規定されている．またこれらの業務については，事務の全部または一部を，その管理に属する行政庁に委任することができるとあり，児童相談所が実際の業務を担っている．

　また，指定都市とよばれる，政令で指定された人口が50万人以上の市では，都道府県が処理することとされているもののうち，大部分の事務を処理することができるようになっており，児童・家庭福祉においても，都道府県と同様の事務を行っている．

2) 市町村との連携と役割分担

　児童福祉法や，厚生労働省の市町村児童家庭相談援助指針では，市町村に対しては，市町村において実施されている母子保健サービスや一般の子育て支援サービス等をはじめ，虐待の未然防止や早期発見を中心に積極的な取り組みを行うことが期待されているが，専門的な知識および技術を必要とするものについては，児童相談所の技術的援助や助言を求めなければならず，また，医学的，心理学的，教育学的，社会学的および精神保健上の判定を必要とする場合には，児童相談所の判定を求めなければならないとされている．

　これに対応して，都道府県には，市町村相互間の連絡調整や情報提供，市町村職員に対する研修の実施等の必要な援助を行うほか，行政権限の発動の必要性の判断も含めた市町村の対応についての技術的援助や助言，市町村では対応が困難なケースへの専門的な支援の実施，施設を退所した子どもが安定した生活を継続できるような専門的支援を行うこと等が求められており，これらの都道府県の役割については，都道府県が設置している児童相談所が，専門的機関として対応することとなっている．

　このように，住民にとって身近な市町村が，直接的サービスを中心に児童・

家庭福祉の取組みを行い，都道府県は，それを専門的に支援するという連携と役割の分担がなされている。

3）児童相談所・福祉事務所・保健所

都道府県等の行政機関では，より専門的な住民サービスを提供するために，専門機関の設置が定められており，児童・家庭福祉では，児童相談所，福祉事務所，保健所等がその役割を担っている。

児童相談所については，第10章で詳しく述べられているが，都道府県・指定都市に必置（中核市は任意設置）の児童福祉の専門機関であり，都道府県が果たすべき児童福祉の専門的支援を担っている。

福祉事務所は，社会福祉法に規定されている「福祉に関する事務所」のことであり，都道府県とすべての市に必置（町村は任意設置）となっている，地域の福祉に関する第一線機関である。福祉事務所の業務は，いわゆる福祉六法（生活保護法，児童福祉法，母子及び寡婦福祉法，老人福祉法，身体障害者福祉法，知的障害者福祉法）に関する事務を行うことであるが，老人福祉，身体・知的障害者福祉に関する事務は市町村に移管されたことから，都道府県の設置する福祉事務所では，生活保護法，児童福祉法，母子及び寡婦福祉法に関する事務を所管している。児童・家庭福祉における福祉事務所の役割として，母子生活支援施設や助産施設への入所措置，母子・寡婦福祉資金の貸し付け等の相談等を行うほか，児童福祉法において，都道府県の設置する福祉事務所は要保護児童の通告機関とされており，通告・送致を受けた子ども等についての指導業務を行っている。さらに，家庭における適正な児童養育，その他家庭児童福祉の向上を図るための家庭児童相談室を，任意設置ではあるが設置することができ，家庭指導員を配置し，子どもの成長・発達に関する悩みなど，家庭における児童養育についての専門的な相談や，その他，児童の福祉の向上に関するさまざまな相談に応じる体制をとっている。

保健所は，地域保健法に基づいて設置される，地域住民の健康の保持および増進を図るための機関であり，都道府県，指定都市，中核市等に必置されている。保健所の児童・家庭福祉における役割は，児童福祉法で，① 児童の保健についての正しい衛生知識の普及，② 児童の健康相談，健康診査，保健指導，③ 身体に障害のある児童や疾病により長期にわたり療養を必要とする児童の療育指導，④ 児童福祉施設に対する栄養の改善や衛生に関する助言が規定されている。

4）都道府県児童福祉審議会

児童福祉法では，都道府県に対し，児童・妊産婦および知的障害者の福祉に関する事項を調査・審議するための児童福祉審議会または，それに相当する審

議会の設置を義務づけている。児童福祉審議会の委員は，児童または知的障害者の福祉に関する事業に従事する者や学識経験のある者から都道府県知事によって任命され，地域の福祉ニーズ等を施策に反映させるための意見具申等を行っている。

(4) 国の役割と実際
1) 国（厚生労働省）の役割

　社会福祉行政において，地方公共団体が，主として住民に対する直接的な行政サービスを行うのに対し，国の役割は，それらを指導監査するとともに，わが国が直面している社会福祉の今日的課題について，政策を立案し，制度・施策として具体化していくことである。わが国の行政組織の中で，社会福祉行政を担当しているのは厚生労働省であり，厚生労働省設置法では，その任務を「国民生活の保障及び向上を図り，並びに経済の発展に寄与するため，社会福祉，社会保障及び公衆衛生の向上及び増進並びに労働条件その他の労働者の働く環境の整備及び職業の確保を図ること」と定めている。厚生労働省内で，児童・家庭福祉に関する業務は，雇用均等・児童家庭局が主として担当することとなっており，厚生労働省組織令では，局内に総務課，雇用均等政策課，職業家庭両立課，短時間・在宅労働課，家庭福祉課，育成環境課，保育課，母子保健課の8つの課を置くと定められている。各課の所掌事務は図表7-1のとおりである。また，地方部局として，全国に7か所の地域厚生局が設置されており，児童福祉施設等の監督等を行っている。

2) 国における児童・家庭福祉の実際

　現在，わが国が直面している児童・家庭福祉における問題として，少子化の進行があげられる。少子化の要因としては，さまざまな理由が指摘されているが，安心して出産や子育てができる社会環境が整備されていないことは，とりわけ大きな要因といえる。わが国では，2003年に超党派による議員立法で成立した少子化社会対策基本法によって，翌年に少子化社会対策大綱が策定され，「若者の自立とたくましい子どもの育ち」「仕事と家庭の両立支援と働き方の見直し」「生命の大切さ，家庭の役割等についての理解」「子育ての新たな支え合いと連帯」を柱に28項目の具体的行動を掲げ，全閣僚で構成する少子化社会対策会議を中心に，内閣をあげて少子化の流れを変えるための施策を強力に推進することとしている。関連して，仕事と生活の調和（ワーク・ライフ・バランス）が取れた働き方ができる社会を実現するために，次世代育成支援対策推進法に基づき，企業に対し，仕事と家庭の両立支援の取組みを行う行動計画策定を義務づけ（300人以下の企業などは努力義務），一定の基準を満たした企業の認定を実施する（図表7-2）などの取組みも行っている。

> ワーク・ライフ・バランス
> ⇒79ページ

図表7-1 厚生労働省 雇用均等・児童家庭局の所掌事務

総務課	①雇用均等・児童家庭局の所掌事務に関する総合調整に関すること。 ②厚生労働省の所掌に係る男女共同参画社会の形成の促進に関する連絡調整に関すること。 ③児童の福祉に関する基本的な政策の企画および立案並びに推進に関すること。 ④児童の虐待の防止に関すること。 ⑤保育,助産および母子保護の実施に要する費用並びに児童福祉施設(知的障害児,身体障害児および重症心身障害児に係るものを除く)の入所措置に要する費用の監査に関すること。 ⑥児童相談所に関すること。 ⑦児童福祉司その他児童福祉事業関係職員の養成および資質の向上に関すること。 ⑧児童の福祉並びに母子および寡婦の福祉に関する事業の発達,改善および調整に関すること(障害者の福祉に関することが並びに社会福祉法第五十六条第一項の規定による報告の徴収および検査に関することを除く)。 ⑨児童,児童のある家庭および妊産婦その他母性に関する調査に関すること。 ⑩都道府県労働局における雇用均等・児童家庭局の所掌に係る事務の実施状況の監察に関すること。 ⑪前各号に掲げるもののほか,雇用均等・児童家庭局の所掌事務で他の所掌に属しないものに関すること。
雇用均等政策課	＜略＞
職業家庭両立課	＜略＞
短時間・在宅労働課	＜略＞
家庭福祉課	①児童の養護その他児童の保護に関すること(障害者の保護に関することを除く)。 ②乳児院,母子生活支援施設,児童養護施設,情緒障害児短期治療施設,児童自立支援施設,児童家庭支援センターおよびこれらの職員を養成する施設の設備および運営に関すること。 ③乳児院,母子生活支援施設,児童養護施設,情緒障害児短期治療施設,児童自立支援施設および児童家庭支援センターの職員の養成および資質の向上に関すること。 ④児童自立生活援助事業に関すること。 ⑤児童の不良行為の防止に関すること。 ⑥里親の監督に関すること。 ⑦児童の生活指導および児童の育成に関する家庭の指導に関すること。 ⑧国立児童自立支援施設の組織および運営一般に関すること。 ⑨母子および寡婦の福祉の増進に関すること。 ⑩児童扶養手当に関すること。 ⑪前各号に掲げるもののほか,児童のある家庭の福祉の向上に関する事務で他の所掌に属しないものに関すること。 ⑫売春防止法第三十四条第二項に規定する要保護女子の保護更生に関すること。 ⑬配偶者からの暴力の防止および被害者の保護に関する法律の規定による被害者の保護に関すること(婦人相談所,婦人相談員および婦人保護施設の行うものに限る)。
育成環境課	①児童福祉に関する思想の普及および向上に関すること。 ②放課後児童健全育成事業に関すること。 ③児童の福祉のための文化の向上に関すること。 ④児童手当に関すること(年金局の所掌に属するものを除く)。 ⑤年金特別会計の児童手当勘定の経理に関すること。 ⑥年金特別会計の児童手当勘定に属する国有財産の管理および処分並びに物品の管理に関すること。 ⑦児童委員に関すること。 ⑧児童厚生施設およびその職員を養成する施設の設備および運営に関すること。 ⑨児童厚生施設の職員の養成および資質の向上に関すること。 ⑩こどもの国協会の解散および事業の承継に関する法律第一条第三項に規定する指定法人に関すること。 ⑪前各号に掲げるもののほか,児童の心身の育成および発達に関する事務で他の所掌に属しないものに関すること。
保育課	①児童の保育に関すること。 ②保育所およびその職員を養成する施設の設備および運営に関すること。 ③保育所の職員の養成および資質の向上に関すること。 ④保育士に関すること。
母子保健課	①妊産婦,乳児および幼児の保健指導および健康診査に関すること。 ②未熟児の養育に関すること。 ③虚弱児の健康の向上に関すること。 ④結核児童の療育に関すること。 ⑤家族計画に関すること。 ⑥助産施設およびその職員を養成する施設の設備および運営に関すること。 ⑦助産施設の職員の養成および資質の向上に関すること。 ⑧児童および妊産婦の栄養の改善並びに治療方法が確立していない疾病その他の特殊な疾病の予防および治療に関すること。 ⑨前各号に掲げるもののほか,児童および妊産婦その他母性の保健の向上に関すること(総務課の所掌に属するものを除く)。

出所) 厚生労働省組織令(平成十二年六月七日政令第二百五十二号)をもとに作成

図表7-2　認定マーク「くるみん」

　また、子どもの生命や尊厳に関わる児童虐待の問題についても、2000年に児童虐待防止法を制定し、虐待の早期発見と早期対応のため、厚生労働省を中心に、関係する省庁が連携を図っているほか、虐待防止のための教育・啓発活動にも力を入れている。

　その他にも、周産期医療や小児救急医療の充実（厚生労働省）、「食育」の推進（内閣府他）、保育所待機児童対策（厚生労働省）、安全教育（警察庁他）、防災教育（総務省消防庁他）など、各省庁がそれぞれの所掌の中でよりよい子育て環境を実現させるため、他の省庁とも連携を図りながら、さまざまな取組みを行っている。

3) 審議会等

　都道府県に児童福祉審議会が設置されているように、これからの国の児童・家庭福祉の方向性を調査審議し、意見を具申するための機関として、社会保障審議会の中に児童部会が設置されている。部会の中には、さらに専門委員会が置かれ、その分野の有識者が専門的見地から、今後の児童・家庭福祉のあり方を審議している。

　また、行政手続法第39条において、法律に基づく命令（政令・省令など）等を定める場合は、関連する資料をあらかじめ公示し広く一般の意見を求めなければならないとされており、あらかじめ情報を公開し、国民の意見を広く募集することで、行政運営に公正さや透明性を確保しようしている。この手続きは意見公募手続（パブリック・コメント）とよばれ、有識者の意見だけでなく、国民の実生活に根差した意見を政策に反映させるために活用されている。

> **パブリック・コメント**
> 行政手続法第39条に規定される、国が命令等を定める際の意見公募手続き。命令等を定める場合は、事前に公示し、一定の意見提出期間を設け、その間に広く一般からの意見を求めなければならないとされている。

2 家庭裁判所の役割

（1）児童・家庭福祉における家庭裁判所の役割

　家庭裁判所は，裁判所法に定める裁判所のひとつで，取り扱う内容は，家事審判法に基づく家事事件，少年法に基づく少年事件，離婚や認知の訴訟などの人事訴訟事件といった児童・家庭福祉と密接にかかわるものである。

　家庭裁判所では，法律に従って決着をつけるだけでなく，紛争や非行の原因を調査し，身近な関係の中で生じた争いが円満に解決され，また非行を犯した少年が再び罪を犯すことなく社会的に更生できるように，当事者や関係者の今後を考えた解決を図ることを理念としている。

（2）実際の手続き

1）家事事件と人事訴訟事件

　家事事件とは，離婚，相続，子の監護，親権，扶養などをめぐって家庭内等に紛争が生じ，その解決を求められた事件をいう。解決方法には，審判と調停の二種類があり，審判では，家庭裁判所調査官等が事情を調査し，そのうえで家事審判官が判断する。調停では，家事審判官（裁判官）と家事調停委員で構成される調停委員会が，双方の事情を聴いたうえで互いに納得できるような解決策を示し，調停の成立を目指す。調停が成立しなかった場合，さらに解決を求めて訴えを提起したときには，人事訴訟事件として扱われ，裁判官が判決によって争いを解決する（図表7-3）。

　家庭内の紛争を通常の訴訟手続きに従って審理すれば，法律判断が優先され，相互の対立感情が残ったままになるおそれがあり，また私的な家庭内の問題を公開の法廷で審理することも，当事者の心情として抵抗を感じるであろう。そのため，家事事件における審判や調停は非公開の手続きで行われ，関係者の秘密を守ったうえで，形式的にならず，なごやかな雰囲気の中で進められるよう配慮がなされている。しかし，人事訴訟においては，原則として公開の法廷で審理されることとなっている。

2）少年事件（少年審判）

　少年審判とは，非行少年（図表7-4）を更生させることを目的として，非行事実を確認したうえで，内省を促し，問題に応じた適切な処分を行う手続き（少年保護手続）をいう。少年法第1条に「この法律は，少年の健全な育成を期し，非行のある少年に対して性格の矯正及び環境の調整に関する保護処分を行うとともに，少年の刑事事件について特別の措置を講ずることを目的とする。」また同法第22条に「審判は，懇切を旨として，和やかに行うとともに，非行のある少年に対し自己の非行について内省を促すものとしなければならな

2. 家庭裁判所の役割

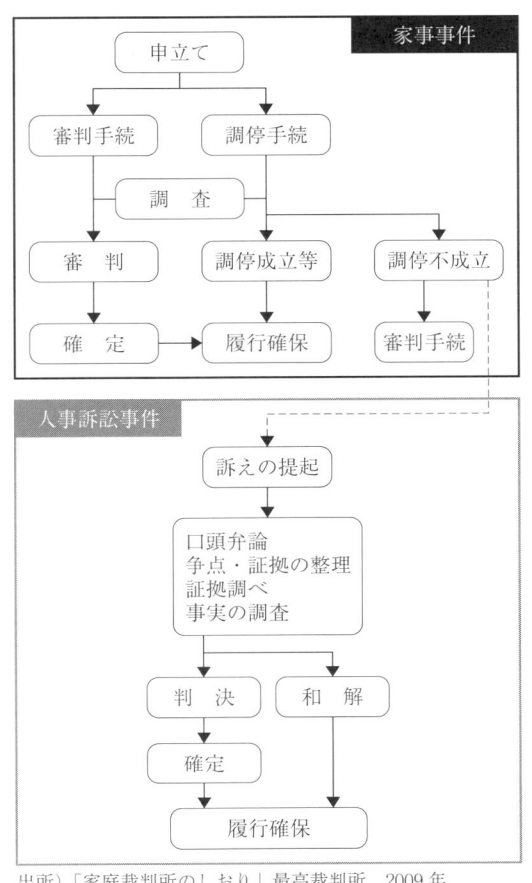

図表7-3 家事事件と人事訴訟の流れ

```
家事事件
          申立て
         ／    ＼
    審判手続    調停手続
         ＼    ／
          調査
         ／  ｜  ＼
      審判  調停成立等  調停不成立
       ↓      ↓        ↓
      確定 → 履行確保   審判手続

人事訴訟事件
      訴えの提起
          ↓
      口頭弁論
      争点・証拠の整理
      証拠調べ
      事実の調査
       ／    ＼
     判決    和解
      ↓
     確定
       ＼    ／
       履行確保
```

出所)「家庭裁判所のしおり」最高裁判所，2009年

図表7-4 非行少年の分類

犯罪少年	罪を犯した14歳以上20歳未満の少年
触法少年	刑罰法令に触れる行為をしたが，その行為のときに14歳未満であったため，処罰の対象にならない少年
ぐ犯少年	保護者の正当な監督に従わない，正当な理由がないのに家庭に寄り付かない，いかがわしい場所に出入するなどの行いがあり，その性格や場所からみて，将来罪を犯すおそれのある少年

出所)「家庭裁判所のしおり」最高裁判所，2009年をもとに作成

い。」とあるように，少年の犯罪（非行）については，通常の刑事事件と異なり，懲罰よりも更生と保護に重点が置かれている。

　審判では，非行少年が再び非行に至ることがないようにするため，家庭環境や生育環境等を十分に調査し，保護観察，矯正教育（少年院送致）等といった処分が選択される（図表7-5）。また，これらの審理を公開の法廷で行うことは，成長途上の少年にとって好ましくない場合もあり，原則として非公開の法廷で審理されている。

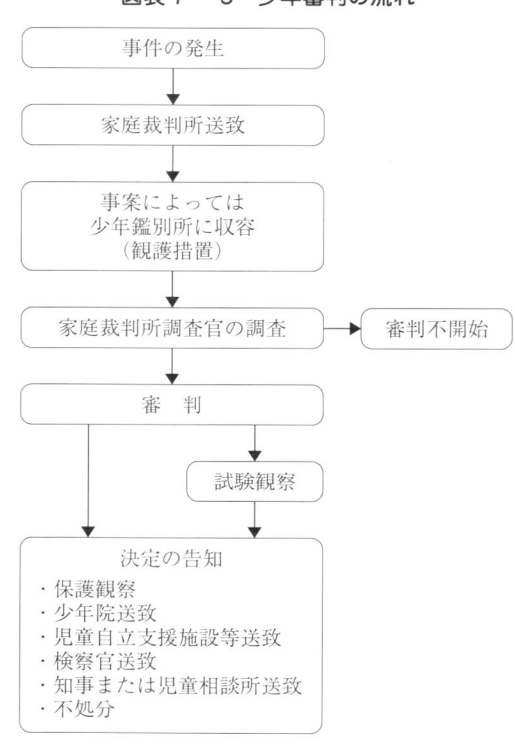

図表7-5 少年審判の流れ

```
事件の発生
    ↓
家庭裁判所送致
    ↓
事案によっては
少年鑑別所に収容
（観護措置）
    ↓
家庭裁判所調査官の調査 → 審判不開始
    ↓
審 判
    ↓
  試験観察
    ↓
決定の告知
・保護観察
・少年院送致
・児童自立支援施設等送致
・検察官送致
・知事または児童相談所送致
・不処分
```

出所）「少年審判について」最高裁判所，2010年をもとに作成

（3）家庭裁判所調査官の役割

　家庭裁判所が取り扱う事件が，身近な人間関係や成長途中の少年を対象としており，法律的な決着だけでなく当事者や関係者の今後を考えた処分を心がけていることは前述した通りであるが，そのために，家庭裁判所には裁判官や書記官の他に家庭裁判所調査官という専門の職種が置かれている。

　家庭裁判所調査官は，心理学，社会学，社会福祉学，教育学等の専門知識を基礎とし，採用後約2年間の研修の中で，心理テストの技術や法律に関する知識を身につけ，これらの専門性をもって，事実の調査や人間関係の調整を行っている。

　家庭裁判所調査官の業務は，裁判官の命令によって，関係者の性格，経歴，生活状態，財産，家庭環境などの調査を行うことであり，裁判官に判断の根拠となる資料を報告するほか，審判に立ち会って意見を述べることもある。また，少年事件においては，児童福祉に関係する諸機関とも連携し，審判の対象となる少年を発見した場合は裁判官に報告したり，審判や保護処分のために，少年を監護，観察するなどの職務を行っている。

3　保育所の児童・家庭支援の役割

(1) 保育所の役割

　保育所は，児童福祉法に規定される児童福祉施設のひとつで，同法第39条に，「保育所は，日日保護者の委託を受けて，保育に欠けるその乳児又は幼児を保育することを目的とする施設とする。」とあるように，親の共働きや産前産後等の理由によって，日中家庭内における保育を受けることができない状況にある乳幼児を対象としている。同法第24条では，市町村は保護者から申込みがあったときは，それらの児童を保育所において保育しなければならないと規定しているが，都市部を中心に，保育ニーズの増大に保育所の受け入れが対応できず，待機児童の問題が生じているところもある。厚生労働省が発表した2009年10月1日現在の保育所入所待機児童数は4万6,058人であり，早急の対策が求められている。

　保育所における保育の標準的な内容は，厚生労働省の保育所保育指針に示されており，2008年には3度目の改定が行われている。指針の中で，保育の内容については，養護に関する内容として，①生命の保持，②情緒の安定の2領域，教育に関する内容として，①健康，②人間関係，③環境，④言葉，⑤表現の5領域があげられており，これらを軸として児童への関わりがなされている。また，多様な保育ニーズに対応するため，延長保育，夜間保育，病児・病後児保育等についても，推進が図られている。

(2) 保育所の役割の拡大

　児童福祉法第39条第2項に，保育所は，「特に必要があるときは，日日保護者の委託を受けて，保育に欠けるその他の児童を保育することができる。」と規定されており，乳幼児以外の児童も必要に応じて受け入れることができるとされている。これによって，いわゆる学童保育や放課後児童クラブとよばれる放課後児童健全育成事業を保育所内で実施しているところもある。

　また地域の子育て支援においても，同法第48条の3において，「当該保育所が主として利用される地域の住民に対してその行う保育に関し情報の提供を行い，並びにその行う保育に支障がない限りにおいて，乳児，幼児等の保育に関する相談に応じ，及び助言を行うよう努めなければならない。」と規定されており，努力義務ではあるが，地域の子育て支援に対する貢献が期待されている。実際に，市町村の実施する地域子育て支援拠点事業における地域子育て支援センターを併設している保育所にあっては，育児不安等についての相談指導，子育てサークル等の育成・支援，地域の保育資源の情報提供等，地域の子育て力を向上させる取組みを行っており，地域の子育て資源としての役割を担っている。

待機児童
　保育所への入所申請をしているが，当該保育所の定員超過等の理由で入所できない児童をいう。都市部を中心に共働き家庭が増加し，保育所定員を超える保育ニーズが生じたこと等が要因。政府は，待機児童ゼロ作戦等の対策を展開しているが解消には至っていない。

保育所保育指針
　1965年に当時の厚生省が作成した，認可保育所を対象とした保育内容のガイドライン。保育所における保育内容の充実を図る目的で通知された。保育所をめぐる時代の要請に合わせ，1990年，1999年，2008年と3度の改正を行っている。

4 児童・家庭福祉制度における公私の役割関係

わが国の児童・家庭福祉制度は公的な側面が強く，多くは国，都道府県，市町村といった行政組織の中で事業展開されているが，このような公的機関のみで多様化する児童・家庭福祉のニーズに対応することは困難を伴う。そのため，実際には，社会福祉法人や特定非営利活動法人（NPO法人），民間企業などさまざまな民間事業者がサービスに参入している。

公的機関は，法令によって業務が定められ，また営利を目的としないため採算性によって事業内容が左右されることが少なく，安定継続したサービスを提供できる半面，全体の奉仕者として万人に対する公平性や公正さを保つことを重視するあまり，前例を踏襲しようとする傾向が強くなり，その場の状況に応じた柔軟で臨機応変な対応を難しくしていることも否定できない。

一方，民間事業者は組織としての自主性を備え，市民のニーズに合わせてきめ細かなサービスを提供できる機動性をもつが，経営面での不安定さや，特に企業においては利潤追求によるサービスの質の低下等が懸念される。

このように福祉サービスにおける公的機関と民間事業者の特徴は相反するものであり，互いに連携し，それぞれの弱点を補い合うことでより質の高いサービスの提供が可能となる。たとえば，公的サービスを民間へ事業委託した場合，公的責任による指導監督のもと，民間事業者による柔軟な運営が期待できる。

実際に，児童福祉施設の大半は社会福祉法人等の民間事業者であり，社会福祉法や児童福祉法等の関係法令による規制を順守しつつ，それぞれの法人の理念にそって自主的な活動を行っている。また最近では，指定管理者制度が普及し，地方公共団体が施設等の運営を民間事業者に代行させることで，経営感覚をもった運営が可能となり，サービスの向上や経費削減等の効果をもたらしている。

また，法定外の無認可施設や，育児産業が児童・家庭福祉において果たしている役割も少なくなく，これらは公的な規制を受けずに先駆的，独創的なサービスを提供しているが，守秘義務や責任の所在，サービスの質などにおいて問題を抱えている場合も多い。子どもの安全や権利保障を考えるとき，公的機関がこれらの団体に対してどのように関わっていくかが課題となる。

> **指定管理者制度**
> 公の施設の管理について，適正かつ効率的な運用を図ることを目的に，地方公共団体の出資法人等に限定して委託していた管理委託制度を廃止し，地方公共団体が指定する民間事業者等に管理を代行させる制度。2003年の地方自治法改正によって制度化された。

参考文献

『社会福祉学習双書』編集委員会編『児童家庭福祉論』社会福祉法人全国社会福祉協議会，2009年

星野政明ほか編『新版子どもの福祉と子育て家庭支援』みらい，2010年

厚生労働省編『保育所保育指針解説書』フレーベル館，2008年

社会福祉の動向編集委員会編『社会福祉の動向（2010）』中央法規，2010年

裁判所パンフレット「家庭裁判所のしおり」2009年

裁判所パンフレット「家事事件のしおり」2010年
裁判所パンフレット「ご存知ですか？人事訴訟」2010年
裁判所パンフレット「少年審判について」2010年

プロムナード

　児童虐待事件が発生したとき，児童相談所などの行政機関の対応について批判的な報道がなされることがあります。そこには，家庭が子育ての主たる役割を担っている社会において，行政機関が家庭の中に入り込む難しさがあるのかもしれません。また，地域社会も見守る力を失っているのかもしれません。

　子どもの生命や権利を守るためには，強制力をもった制度や，対応マニュアルを作るだけでなく，家庭と地域社会と行政機関が信頼しあい，力を合わせて取り組める社会づくりが必要です。これらの三者を結び付けていく専門職として，児童・家庭福祉における社会福祉士への期待は大きいといえるでしょう。

　既存の制度を活用するだけでなく，子育てにおけるニーズを受けとめ，国や地方公共団体を動かし，新たな福祉サービスを創出していく工夫が，社会福祉士には求められています。

学びを深めるために

衣斐哲臣『子ども相談・資源活用のワザ』金剛出版，2008年
　児童相談所に勤務する著者による，さまざまな子どもの問題への対応をまとめた書。事例が豊富で，児童・家庭福祉の現場をイメージしやすい。

渡辺顕一郎『子ども家庭福祉の基本と実践』金子書房，2009年
　主として，子育て支援，障がい児支援，虐待予防を取り上げ，基本的な視点と方法について解説されている。また基礎編，応用編，専門編と順を追って理解を深めることができる初学者に最適な入門書。

子育て支援における，国，都道府県，市町村の役割を簡単にまとめてみましょう。
家庭裁判所調査官の業務内容について調べてみましょう。

福祉の仕事に関する案内書

日本社会福祉士会『社会福祉士まるごとガイド』ミネルヴァ書房，2009年
鈴木真理子『ソーシャルワーカーという生き方』中央法規，2010年

第 8 章

児童・家庭福祉制度における専門職の役割と実際

第8章 児童・家庭福祉制度における専門職の役割と実際

1 保育士の役割

(1) 保育士とは

　保育士は，長い間，「保母」や「保父」の名称でよばれていたが，1999（平成11）年の児童福祉法施行令の改正により「保育士」として名称変更された。

　2003（平成15）年の児童福祉法の改正により，政令に定められた公的資格から名称独占の国家資格となった。この資格には，社会福祉士や介護福祉士などの国家資格と同じように，守秘義務や信用失墜行為の禁止についての規定が設けられ，専門資格としての質の向上をねらいとしたものであった。そして，全国社会福祉協議会・全国保育協議会・全国保育士会に全国保育士会倫理綱領が定められ，子どもの最善の利益の尊重や子どもの発達保障，専門職としての責務も明確化された。

　児童福祉法では，保育士について「保育士の名称を用いて，専門的知識や技術をもって，児童の保育及び児童の保護者に対する保育に関する指導を行う業とする者である」（第18条の4）と規定されている。職務としては，保育所で働く保育士と，保育所以外の児童養護施設，乳児院，母子生活支援施設，障害児施設などの児童福祉施設で働く保育士がいる。また，保育所で働く保育士でも延長保育や乳児保育といった形態，さらには病院等で子どものお世話をする保育士が病棟保育士（病児保育士）として注目されている。この病棟保育士は，病院に入院している子どもの入浴・排泄・食事・衣服の着脱から子どもの教育，軽い運動，遊びにいたるまで生活面のサポートを行う。現状としては，まだまだ需要は少ないが年々増加傾向にあり，病棟保育士として仕事をするには保育の知識だけでなく医療や看護に関する知識も必要である。

(2) 保育士の業務

　保育士の仕事としては，衣服の着脱や食事，排泄など日常生活における基本的生活習慣を身につけることができるようサポートすることから，乳・幼児・保護者等の生活ニーズを把握し，乳・幼児の生活指導や学習指導も行う。その際，子どもたち一人ひとりの年齢・発達状況・個性を把握し，行事や遊び，日常の生活経験を通して，子どもたちの成長や発達をサポートすることが大切であるとともに，子どもに対する「保育」と保護者に対する「保育指導」を整理するとともに，必要に応じては一体的に支援を行っていくことも求められる。また，最近では在宅で育児をしている家庭や地域での子育て相談支援など多様なサービスも行っている。加えて児童虐待への対応，アスペルガー症候群や注意欠陥／多動性障害（ADHD）への理解，障害児保育やアトピー皮膚炎の子どもの増加などから，専門家としての幅広い知識も必要になっている。そして，これらの業務を行うにあたり保育士は，児童相談所，福祉事務所などの専門機

アスペルガー症候群
⇒57ページ

ADHD（注意欠陥／多動性障害）
　ADHDは不注意，多動性，衝動性の3つの行動特性により診断される。「不注意」は，順序だけの物事を考え，根気よく課題をこなすことが困難な症状。「多動性」は，常に動き回っている症状。「衝動性」は，思いつきで行動したり，結果を考えず行動したりするといった症状である。

関や家庭支援専門員，教師，医師，保健師，言語療法士，理学療法士などの専門職種や近隣住民，ボランティア，NPO などの地域住民・組織との連携が状況に応じて求められている。

(3) 保育士資格の取得方法

保育士になるためには，①，②のいずれかの方法で保育士資格を取得し，保育士として登録することにより保育士を名乗ることができる。
　①厚生労働大臣の指定する保育士養成学校や保育士養成施設を卒業した者
　②保育士試験に合格した者

なお，②の保育士試験については，厚生労働大臣の定める基準に基づき，保育士として必要な知識と技能について問うとともに，毎年一回以上，都道府県知事が行うと規定されている。

(4) 保育士の課題

もともと保育の目的は，"保育に欠ける児童"への支援が主であった。たとえば，保護者の仕事や疾病などの事情で，子どもの養育ができない保護者に代わって子どもを養育するという社会的役割があった。しかし今日の保育対象者は"保育に欠ける児童"から，ニーズがあるすべての家庭・児童へと拡大し，さらに多様化している保育ニーズの中で，求められる保育士の役割も多様化している。そのため 2002（平成 14）年度から保育士養成課程のカリキュラムが変更され，従来の保育科目に演習としての社会福祉援助技術や，講義科目としての家族援助論が入り，地域社会の中で家庭・児童を支援するためのソーシャルワーカーとしての力量も保育士養成の中で求められるようになった。すなわち個別援助技術（ケースワーク）や集団援助技術（グループワーク），地域援助技術（コミュニティワーク）や，家庭の福祉ニーズに対して質の高いサービスの提供を目指すケアマネジメントなどの技術が求められている。

2　家庭支援専門相談員の役割

(1) 家庭支援専門相談員とは

児童虐待などの養護問題が生じた場合，緊急保護として児童を保護者から一時的に引き離すことはあるが，このような従来の虐待対策から，家族を再生させ，再び親と子どもが一緒に生活できるように支援することが，子どもの養育にとって最も望ましいのではないかという声が現場などからあがってきた。そういった中，厚生労働省は，児童虐待で保護した子どもの親への指導・教育，その他の養護問題などで生活分離を余儀なくされた親子が再び一緒に生活でき

るよう働きかけるとともに、家庭で起こる子どものさまざまな養育問題にも対応し、子育てを行う家庭を支援する専門家の配置とそのための予算化を考えた。それが家庭支援専門員（ファミリーソーシャルワーカー）として実現し、2004（平成16）年度からは全国の乳児院、児童養護施設、情緒障害児短期治療施設、児童自立支援施設などに配置されることになった。

これは2004（平成16）年4月に出された厚生労働省雇用均等・児童家庭局長通知の「乳児院等における早期家庭復帰等の支援体制の強化について」によって規定されたもので、「乳児院、児童養護施設、情緒障害児短期治療施設及び児童自立支援施設に入所している児童のうち虐待等家庭環境上の理由により入所している児童については、〜（中略）〜早期の家庭復帰等を支援するための体制を強化する必要があるため、児童の早期家庭復帰、里親委託等の支援を専門に担当する職員「家庭支援専門相談員（ファミリーソーシャルワーカー）」を乳児院等に配置することとし・・・（以下略）」と明文化されている。

このような施設に配置されるようになった背景には、児童の直接的な相談・支援の窓口は児童相談所を主とするが、実際には、児童が入所している施設などが、児童を通して保護者との関わりをもっている現状があるからである。

> **里親委託**
> 里親委託とは、保護者のない児童または保護者に監護させることが不適当であると認められる児童を養育することを希望するものに委託することをいう。

（2）家庭支援専門相談員の業務と課題

現在、乳児院、児童養護施設、情緒障害児短期治療施設、児童自立支援施設などの施設に入所している児童の数は増加傾向であり、家庭支援専門相談員は、自ら保護者のもとを訪ね養育相談や支援・指導を行うとともに、虐待などの問題を起こした保護者に対しても、再発しないようフォローアップや地域における支援体制の強化、そのための条件整備などを行っている。

そして何よりも児童が家族の一員として適切な養育環境のもとで自立してい

図表8－1　家庭支援専門相談員の業務内容

```
1  保護者等への早期家庭復帰のための業務
  (1) 保護者等への施設内または保護者宅訪問による養育相談、養育指導等
  (2) 保護者等への家庭復帰後における相談・養育指導
2  退所後の児童に対する継続した生活相談など
3  里親委託推進のための業務
  (1) 里親希望家庭への相談・養育指導
  (2) 委託後における相談・養育指導
  (3) 里親の新規開拓
4  養育里親における養子縁組推進のための業務
  (1) 養子縁組希望家庭への相談・養育指導
  (2) 養子縁組後における相談・養育指導
5  地域の子育て家庭に対する育児不安解消のための相談・支援等
6  要保護児童の状況の把握や情報交換を行うための協議会への参画
7  施設職員への助言・指導及び処遇会議への出席
8  児童相談所等関係機関との連絡・調整
9  その他業務遂行に必要なこと
```

出所）「乳児院等における早期家庭復帰等の支援体制の強化について」厚生労働省雇用均等・児童家庭局長通知　2004年からの抜粋

けるように，家族を含めた援助が大切であるとの認識をもって活動を行っている。

　施設に入所している児童，里親委託となって家族と離れて暮らしている児童が，家族との関係が分断されないよう留意している。加えて家族との新たな関係を構築することを目指し，入所または委託措置後も，保護者との連絡や連携を通して双方の状況を把握・共有し，児童との生活の継続のための関係・調整を行っている。

3 教師の役割

(1) 幼稚園の教諭

　小学校就学前教育としては幼稚園が重要な役割を担っている。現在，幼保一元化を含めた統合が検討されている中で，幼稚園教諭の役割についても見直されている。たとえば児童虐待問題では，通告義務や親への指導，虐待を見逃さないための指導・教育など幼稚園等の役割・運営のあり方が問われている。

(2) 小・中・高等学校の教諭

　児童が児童養護施設に入所している場合は，教師は施設との連携が必要になる。児童の年齢により幼稚園，小学校，中学校，高等学校と種別は変わってくるが，児童は一日の生活の大部分をそこで過ごしている。そういった状況の中，教師は，学校という場での指導・教育等を通して学生の様子や生活状況を把握することが大切である。児童が抱えるさまざまな問題を友人関係，家庭や地域などあらゆる視点から評価し，児童や家族へのアプローチや，関係機関との連絡や調整を取りながら児童を取り巻く環境へのアプローチを考えることが必要である。そして気になる児童がいたり，気になる家庭がある場合は，問題が起こる前に，個別相談や面接を行ったり，家庭訪問したり，同じ悩みを抱える児童や親を対象に，類似する問題ケースの事例をもとにグループワークを行うなど事前の対応も必要である。

　また，養護教諭の役割としては，① 怪我や病気の児童生徒への救急処置と休養の場の提供，② 児童生徒の健康相談並びに保健指導，③ 児童生徒との健康問題の情報収集と評価と把握，④ 疾病の予防，などがある。

　学校教育法施行規則や学校保健法規定では，保健室の設置が義務つけられ養護教諭が配置されている。そこでは担任教諭とは別の角度から児童生徒に関わることができるとともに，児童生徒の学校における安心できる居場所としての役割も果たしており，そこでの会話や言動によって得られた情報等は，児童の指導や支援，また予防的対応を考えていくうえでも，大変有効であることが多い。

> **幼保一元化**
> 家庭教育の補完を行う幼児教育施設としての幼稚園に，「保育に欠ける」子どもを保育する児童福祉施設としての保育所を併設し，たとえば「幼児園」といった名称などで一体的に運営し，教育と福祉の統一を図ることをいう。

（3）学校と福祉専門職との連携

次に，事例（図表8－3）は，A県B市における学校から児童相談所への相談事例である。特にA・B・D子のケースは，学校の担任教師等が生徒の問題を把握し，児童相談所へ連絡し施設入所に至ったケースである。また，先に述べた家庭支援専門相談員の役割も含めながら，児童養護施設入所にいたるまでの業務並びに協働の流れを図に示すと以下の通りである（図表8－2）。学校からの連絡に基づき児童相談所は，児童養護施設と入所についての依頼並びに協議を行う。その際，施設長は対象児童の状況・家庭環境の把握を行うとともに，入所の可否を決定する。入所後は，施設長の指示に基づき受け入れ体制の整備

図表8－2　学校から施設入所（児童養護施設）までのフロー図

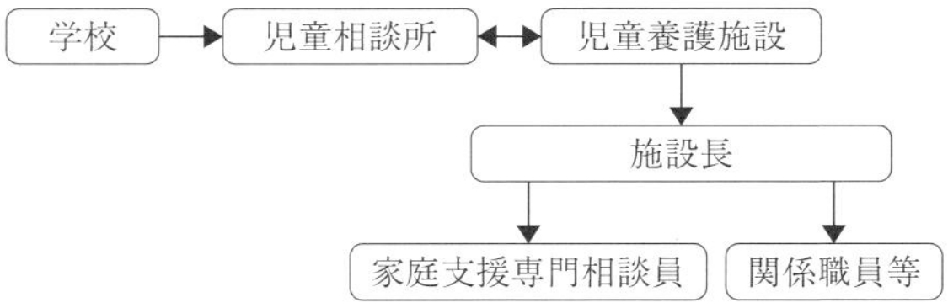

学校 → 児童相談所 ↔ 児童養護施設
　　　　　　　　　　　　↓
　　　　　　　　　　　施設長
　　　　　　　　　↓　　　　↓
　　　　家庭支援専門相談員　関係職員等

図表8－3　学校から児童相談所への相談内容

生徒	性別（年齢）	通告相談者と事由	種別	親の職業および人間関係ほか
A	女性（7歳）	小学校（担任）から児童相談所へ。母親は抑うつ状態がひどく，前日にリストカットをして自殺未遂。母親は自分も養生したいので，子どもを施設へ預けたいとの申し出があり，学校から担任が訪問すると興奮状態で，子どもに"もの"を投げている状況で虐待を疑い児童相談所へ通告する。母親は入院予定である。	養護	母子家庭。母親（37歳）は現在無職である。中学卒業後就労，その後，2度の結婚に失敗，てんかんの持病，うつ病の診断も受けている。生活保護を受給中
B	女性（10歳）	小学校（担任）から児童相談所へ。前日に母親が心臓拡張症のため緊急入院したため養育者がいない。母親の症状が生命にもかかわる状態で，治療には長時間を要する見込みである。	養護	母親（29歳）はパートの仕事，父親（41歳）は土木作業員で3年前に離婚，弟は生後4ヵ月（戸籍に父の氏名なし）。母親は喘息の持病があった。心臓がいつ頃から悪くなったかは不明だが末子を出産する前から体調はかなり悪く，本児が学校を休んで家事をしていた（出産後も同様）。母親の病気が悪化してからは離婚した父親が夜だけ泊まりにきていた。
C	女性（14歳）	中学校（担任）から児童相談所へ。本児が父親と衝突し荷物をもって家を出た。交友関係も広がっており心配である。また，父親の飲酒量も増えてきており，仮に保護されても同じことの繰り返しになり，どうしたらよいのかと相談した。	ぐ犯行為等	父親（41歳）は会社員，姉は高校1年生の3人家族で，昨年母親とは離婚。姉も夏頃に生活が乱れ，帰宅が遅かったこともあったが，今は父親との関係は良好。ただ要領はよく，家事等の分担も果たさず，本児にその負担を負わせていた。別の町に住む，父方祖母が，隔週で本児宅を訪れ，家事援助等を行っている。
D	女性（13歳）	中学校（学校長）から児童相談所へ。本児の母が末期癌で病院に入院しているため，異父兄が本児らを引き取っていたが，兄の妻が離婚の意思を示し家出をした。母は余命が短く，兄も体調を崩したため本児の中学校の校長より本児を施設に預けてほしいとの相談があった。	養護	本児は，昨年10月から配管工である異父兄（30歳）に引き取られ，異父兄の妻と一人息子と同居していた。しかし，今年に入って妻が離婚したいといって子どもを連れて出ていった。兄は現在，自律神経失調症と十二指腸潰瘍を患っている。

を行う。対象児童の状況や家庭環境についての適切な把握は，関係職員すべての共通事項であるが，家庭支援専門相談員は，把握だけにとどまらず，家庭との良好な関係を構築するための準備や取組みが必要となる。

以上，教師の役割を学校との役割とともに述べてきたが，スクールソーシャルワーカーやスクールカウンセラーが配置されている学校では，教員との役割分担を明確にし，密接な連絡・連携をとっていくことが求められる。また教育委員会とこれらの専門職との連携をどう構築していくかも重要な課題である。

4 医師・保健師の役割

児童分野の医療・保健においては，乳幼児医療や母子保健，養育治療，虐待への対応などにおいて，家庭，保育所・幼稚園，学校等と医師・保健師との連携が欠かせない。特に虐待においては，説明のつかない傷の診断などから，医師によって発見されることも多く，その後の治療だけでなくケアにおいても両者の果たすべき役割は大きい。

現在，医療法に基づく児童福祉施設として，自閉症児施設，重症心身障害児施設，肢体不自由児施設，助産施設がある。そこでは医師をはじめとする保健師，看護師，助産師，理学療法士，作業療法士などがチームとなって関わっている。また，地域保健法では，地域保健対策の推進のため保健所と市町村保健センターの役割が定められており，保健所では，保健師，精神保健福祉相談員，栄養士，医師などが主な専門職として配置され，保健医療に関わる施策と社会福祉に関わる施策を行っている。市町村保健センターでは，保健師などが中核となり保健についての知識の普及や健康相談，健康診査，保健指導を実施している。特に，妊娠，出産，育児に関して必要な保健指導は，市町村が中心となって対応しており，母子保健法第11条の「新生児の訪問指導」と第17条の「妊産婦の訪問指導等」においては，妊産婦，新生児，未熟児に関しては，必要に応じて医師，助産師，保健師がその家庭を訪問して保健指導を行っているとなっている。また，第12条の「健康診査」では，満1歳6か月を超え満2歳に達しない幼児，満3歳を超え満4歳に達しない幼児の健康診査や第20条の「養育医療」では，養育のため病院または診療所に入院することを必要とする未熟児に対して，療育医療においても必要に応じて医師や保健師は医療並びに保健指導を行っている。

> **療育医療**
> 児童福祉法に基づき，結核などにかかっている児童に対して，国や県が指定する病院（指定療育機関）において，生活指導，学習と療養生活に必要な物品の給付などを行う制度をいう。

5 理学療法士・作業療法士と言語聴覚士の役割

(1) 理学療法士・作業療法士

療育指導訓練にあたる理学療法士・作業療法士の役割は、以下の通りである。

理学療法士は、何らかの理由で身体的な機能に障害をもった人に対して、リハビリテーション医の指示のもと、その基本的動作能力の回復を図ることを目的としている。方法としては身体を動かす運動療法から、温熱・電気などを使った物理療法までさまざまである。

また作業療法士は、理学療法士と同じく身体的な機能に障害をもつ人が対象であるが、工作や手芸などの作業、生活動作の訓練などを通して、機能の回復や機能低下の予防を図るとともに、食事や洗面などの日常生活動作の訓練、職業に向けての作業訓練なども行われている。

現在、知的障害児通園施設や肢体不自由児施設、重症心身障害児施設などには、理学療法士や作業療法士が配置され、知的に障害をもつ児童の自立に向け、必要な知識技能の習得や、上肢・下肢・または大幹の機能に障害をもつ児童の治療や日常生活の指導を行っている。

(2) 言語聴覚士

言語療法を行う専門職として言語聴覚士がある。言語聴覚士は病気や交通事故、発達上の問題などで、言葉によるコミュニケーション機能が損なわれている人に専門的サービスを提供し、自分らしい生活を構築できるよう支援する専門職である。具体的には、言葉の発達の遅れ、声や発音の障害などに対して問題の本質や発現メカニズムを明らかにし、その内容に応じた訓練、指導、助言、援助を行っている。現在、知的障害児通園施設には、言語療法士が配置され、保護者のもとから通っている知的障害のある児童に対して前述のような対応を行っている。

6 その他

家庭福祉制度の専門職を、保育士、家庭支援専門員、教師、医師・保健師、理学療法士・作業療法士と言語聴覚士についてその役割を中心について述べてきたが、これらの専門職を地域でサポートしている協力者として児童委員と主任児童委員が配置されている。

(1) 児童委員

児童委員は、「児童福祉法」第16条に基づいて設置され、市町村に置かれている児童福祉の民間の協力機関である。任期は3年で、都道府県知事の推薦を

受け厚生労働大臣により委嘱を受ける。児童委員になるためには，民生委員法による民生委員であることが必要である。児童委員の業務については，同法第17条で，児童や妊産婦を対象に，その生活を取り巻く環境の状況を適切に把握し，その保護や保健，その他の福祉に関し，サービスを適切に利用するために必要な情報の提供や援助・指導等を行うと謳われている。

> **民生委員**
> 厚生労働大臣の委嘱により，「社会奉仕の精神をもって常に住民の立場に立って相談に応じ，及び必要な援助を行い，もって社会福祉の増進に努める」任務をもつ，民間奉仕者のことをいう。

(2) 主任児童委員

　厚生労働大臣は，児童委員の中から主任児童委員を指名する（児童福祉法第16条）。主任児童委員は，児童委員の職務について，児童の福祉に関する機関と児童委員との連絡調整を行うとともに，児童委員の活用に対して援助や協力を行う（同法第17条）。具体的には，児童相談所や児童家庭支援センターなどと連携して，児童や家庭の問題について，地域の子育てのための啓発活動を行ったりするとともに，児童虐待のケースでは，市町村が児童相談所から引き継いだ見守りの必要なケースについて家庭状況を市町村に報告している。そして児童委員とともに児童福祉機関や市町村，地域住民との間に入って，地域子育て支援体制を推進していくための協力を行っている。

参考文献

　柏女霊峰『子ども家庭福祉論』誠信書房，2009年
　水田和江・中野菜穂子『子ども家庭福祉の扉』学文社，2009年
　保育福祉小六法編集委員会編『保育福祉小六法』みらい，2010年
　福知栄子『子どもの育ちと家族援助』高管出版，2006年
　保育研究所編『保育情報』No.389　ちいさななかま社，2009年

> **プロムナード**
> 　子どもや家庭を取り巻く生活環境がいちじるしく変化する中，子育ての問題，児童虐待，いじめ，不登校，非行，自殺などの社会問題は深刻化しています。そのような状況の中で，児童の理念，児童福祉制度・政策を踏まえながら児童福祉実践に取り組む保育士や家庭支援専門員，教師，医師，保健師，PT，OTなどの専門職への期待が高まっています。また，これらの専門職がネットワークを形成し，児童・家庭へのソーシャルサポートネットワークを機能させていく中で，児童相談所や福祉事務所などの公的な機関，児童委員などの民間の協力機関をどう位置づけていくかも重要な要素です。またサポート体制の仕組みと機能を評価し，改善していく取組みも求められていますが，そのためには，専門職間の共通言語の構築がまずは必要でしょう。

学びを深めるために

小野木義男『きみが必要だ』オリエンタル印刷，1999年
　著者は児童自立支援施設（旧教護院）での37年の実践経験をもつベテランであるが，本書では，施設や学校，家庭といった枠を超えた児童福祉実践の本質・原点とは何かについて力強く語られている。小野木は，児童福祉実践で最も大切なことは"彼らを理解すること"であり，それは，彼らの痛みや喜びに"共感"することであると述べている。本書は4部構成であるが，特に第3部は，子どもたちの膨大な作文からピックアップしたもので読み応えがある。ここでは家庭や学校における乱調な生活，入所に至る時点での心情や葛藤などの思いを綴ったものであり，彼らの淋しさや優しさが刻銘に描かれている。本書を読んで，家庭の役割や課題について，再確認していただくことを期待している。

▶児童の専門職がサポート体制を構築し運用していくためには，専門職間の共通言語の構築が必要であると考えるが，そのための方法及び内容について検討せよ。

福祉の仕事に関する案内書

『絆（KIZUNA）第19号』愛知県児童福祉施設長会，2007年

第9章

児童・家庭福祉制度における多職種,ネットワーキングと実際

児童家庭福祉において子どもや保護者の抱える課題に対する支援は、子育て支援、児童虐待、不登校、非行、発達障がいを含む障がいのある児童の支援、ひとり親家庭に対する支援など多岐にわたる。子ども期の成長・発達は身体的にも精神的にも変化の著しい時期であることやその成長・発達に対して周囲の環境が及ぼす影響は非常に大きい。そのため子ども自身や子どものおかれている環境についての正確な理解が必要となる。その理解には、医療・保健、臨床心理、教育・保育、社会福祉などの各領域の専門的な視点から多角的にとらえることが重要であり、その見解を共有することにより、よりよい支援に結びつけることが可能となる。また、支援過程においてもひとりの支援者やひとつの組織や機関のみで対応し、終結にいたることは困難であり、多機関・多職種が専門領域の役割をしっかり果たしながら連携・協働していくことが必要となる。本章では、まず児童家庭福祉領域の機関や職員が実際にかかわることの多い医療関係者、教育関係者、労働施策関係者の所属する機関・施設について概説を行い、それぞれの専門職間との連携について実際にかかわることの多い課題を取り上げながら考えていく。

1 医療関係者との連携

子どもの健康の保持、成長・発達の支援、慢性疾患児および障がいのある子どもへの療育指導等に関しては児童家庭福祉機関と医療機関とのかかわりが欠かせない。たとえば、母子保健施策では妊産婦健康診査をはじめとし、乳児健康診査、1歳6か月健康診査、3歳児健康診査など、段階的に母子の心身の状況を専門的に把握し、必要な助言・指導が行われている。そういった医療関係者の情報が子どもの支援を展開していくうえで効果的な支援策につながることも少なくない。本節では、最初に病院・診療所以外の医師、歯科医師、保健師、助産師などの所属する機関や組織についてみていくこととする。

(1) 関係機関について
1) 保健所・市町村保健センター

保健所は、地域保健法により都道府県、指定都市、中核市その他の政令で定める市又は特別区により設置され、児童福祉関連の業務として児童福祉法において以下の業務を行うこととされている。

① 児童の保健に関し衛生知識の普及を図る。
② 児童の健康相談、健康診査を行い、必要に応じ保健指導を行う。
③ 身体に障害のある児童及び疾病により長期にわたり療育を必要とする児童の療育指導を行う。
④ 児童福祉施設に対し、栄養の改善その他衛生に関する助言を与える。

母子保健

母子保健とは、母親と乳児の健康の保持と増進を図ることであるが、わが国において母子保健施策が具体的に始まったのは戦後の「児童福祉法」(1947) の制定と翌年の母子衛生対策要綱による。しかし、乳児死亡、周産期死亡、妊産婦死亡の改善に取り組んだのは、「母子保健法」(1965) の制定以降である。同法の4つのサービスの柱は、①健康診査、②保健指導、③療養援護、④医療対策となっている。また、同法は1994年に改正され、都道府県と市町村の役割分担の明確化、3歳児検診、妊産婦への訪問指導等が市町村に一元化されることとなった。

保健所には，医師，歯科医師，薬剤師，保健師，助産師，看護師，管理栄養士，精神保健福祉相談員等が配置されている。
　また，市町村保健センターは地域保健法により市町村が設置することができ，住民に対し以下の業務を行うこととされている。
　① 健康相談
　② 保健指導
　③ 健康診査
　④ その他地域保健に関し必要な事業

2）精神保健福祉センター

　精神保健福祉センターは，精神保健及び精神障害者の福祉に関する法律に基づき都道府県が設置している。『現代社会福祉用語の基礎知識』（学文社）によると，「精神保健福祉センターの役割は，精神保健及び精神障害者に関する福祉に関し，知識の普及を図り，調査研究を行い，並びに相談及び指導のうち複雑又は困難なものを行う。入院施設，デイケア，社会復帰施設を併設する精神保健福祉に関する総合技術センターとしての機能をもっているところもある」としている。

（2）連携の実際

1）児童虐待防止における多機関の連携（発見・支援・治療）

　児童虐待においては，さまざまな段階において多機関の連携が必要となる。2009（平成21）年度の児童相談所への虐待相談の相談経路では近隣知人7,615件（17％），警察等6,600件（15％），家族6,105件（14％），福祉事務所5,991件（14％），学校等5,243件（12％），医療機関1,715件（4％），児童福祉施設1,401件（3％），親戚1,237件（3％），保健所226件（1％）などとなっており，医療機関等で児童虐待が発見されるケースは少なくない（図表9－1）。児童虐待防止法では，学校や病院など児童の福祉に関係のある団体やそこで勤務する教員，医師，保健師，児童福祉施設の職員などに対し「児童虐待を発見しやすい立場にあることを自覚し，児童虐待の早期発見に努めなければならない」としている。また，児童虐待を受けたと思われる児童を発見した者への通告の義務も規定されているため，医療関係機関と児童相談所は連絡を取りやすい体制を整備しておくことが求められる。
　児童虐待の発見後，継続して相談支援を行う場合も児童相談所と医療関係者との連携は不可欠である。児童虐待を受けた子どもは，身体的・精神的に大きな傷を負うため，その治療やその後の支援に関して医学的な判断が必要になる。さらに虐待者となる保護者も精神疾患を抱えていることも少なくないため，あわせて医療的ケアが必要であり，精神科や心療内科と

第9章　児童・家庭福祉制度における多職種，ネットワーキングと実際

図表9－1　児童相談所における虐待相談の経路別件数の推移

	家族	親戚	近隣知人	児童本人	福祉事務所	児童委員	保健所	医療機関	児童福祉施設	警察等	学校等	その他	総　数
15年度	4,390 (17%)	823 (3%)	3,435 (13%)	351 (1%)	3,725 (14%)	639 (2%)	879 (3%)	1,235 (5%)	1,488 (6%)	1,478 (6%)	3,918 (15%)	4,208 (16%)	26,569 (100%)
16年度	5,306 (16%)	785 (2%)	4,837 (14%)	410 (1%)	4,433 (13%)	639 (2%)	871 (3%)	1,408 (4%)	1,611 (5%)	2,034 (6%)	5,078 (15%)	5,996 (18%)	33,408 (100%)
17年度	5,368 (16%)	958 (3%)	4,807 (14%)	455 (1%)	4,591 (13%)	538 (2%)	530 (2%)	1,428 (4%)	1,521 (4%)	2,250 (7%)	5,073 (15%)	6,953 (20%)	34,472 (100%)
18年度	5,700 (15%)	1,042 (3%)	5,475 (15%)	452 (1%)	5,672 (15%)	472 (1%)	374 (1%)	1,522 (4%)	1,472 (4%)	2,726 (7%)	5,688 (15%)	6,728 (18%)	37,323 (100%)
19年度	5,875 (14%)	1,558 (4%)	5,756 (14%)	501 (1%)	6,311 (16%)	346 (1%)	363 (1%)	1,683 (4%)	1,438 (4%)	4,048 (10%)	5,241 (13%)	7,519 (19%)	40,639 (100%)
20年度	6,134 (14%)	1,147 (3%)	6,132 (14%)	558 (1%)	6,053 (14%)	319 (1%)	282 (1%)	1,772 (4%)	1,552 (4%)	6,133 (14%)	4,886 (11%)	7,696 (18%)	42,664 (100%)
21年度	6,105 (14%)	1,237 (3%)	7,615 (17%)	504 (1%)	5,991 (14%)	317 (1%)	226 (1%)	1,715 (4%)	1,401 (3%)	6,600 (15%)	5,243 (12%)	7,257 (16%)	44,211 (100%)

※厚生労働省雇用均等・児童家庭局資料より
出所）子どもの虹情報研修センターホームページ

> **児童相談所運営指針**
> 児童相談所の運営の羅針盤である。1997（平成9）年の児童福祉法改正に伴い改訂された。内容としては，①児童相談所の概要，②児童相談所の組織と職員，③相談，調査，診断，判定業務，④処遇，⑤一時保護，⑥事業に係る留意事項，⑦各種機関との連携，⑧児童相談所の設備，器具，必要書類というように業務，運営内容が記されている。

> **民生委員**
> 厚生労働省の委嘱により，「社会奉仕の精神をもつて常に住民の立場に立つて相談に応じ，及び必要な援助を行い，もつて社会福祉の増進に努める」任務をもつ，民間奉仕者のこと。その職務は①住民の生活状態の把握，②援助を必要とする者に対する生活支援，③福祉サービスの利用に必要な情報の提供，④社会福祉事業者等との連携およびその事業に対する支援，⑤福祉事務所等関係行政機関の業務への協力であり，⑥必要に応じて住民の福祉の推進を図るための活動を行うことにある。

いった精神科領域の医療機関や精神保健福祉センターなどとの連携を図りながら虐待家族への支援を行うことが重要である。

さらに，児童相談所運営指針には，乳幼児健康診査や家庭訪問等の活動を通して，虐待の発生予防や虐待を受けた子どもとその保護者への在宅支援を行っている機能を十分に活用するため，保健所や市町村保健センターとの連携を日頃より密にはかることの重要性について記されている。とくに，各家庭の家庭訪問が法的に位置づけられている新生児訪問指導および新生児訪問指導は積極的に家庭への介入が可能であり，有効な支援となる。

また，児童虐待は虐待を受けた子どもや保護者に対する日常的な見守りや支援が必要となる。児童相談所を中心に市町村，子どもが在籍する保育所・幼稚園・学校などの関係者，民生委員・児童委員，近隣の知人，親戚，警察などあらゆる機関や関係者が連携・協働を行い，虐待の防止に努めていくことが求められる。

2）発達障がいのある子どもの支援における連携

近年，学習障がい，注意欠陥多動性障がい，高機能自閉症やアスペルガー症候群などの発達障がいを抱える子どもたちへの支援の充実が求められている。発達障がいにおいても，他の障がいと同様，早期発見・早期支援の重要性が叫ばれており，市町村保健センター，保育所や幼稚園，小学校などの各機関で，子どもたちの困り感・生活のしづらさをすみやかに発見する専門的視点が求められている。

発達障がいが疑われる場合には，専門の医療機関などでの診断および療育指導が有効であるが，保護者が子どもの状態を正確に理解し，受け入れることができなければ，受診につなげることは困難となる。援助者が保護者の気持ちに寄り添いながら，子どもの困り感に焦点をあて，子ども自身

が生活上抱えている困難を軽減していく方法について保護者とともに考えていくという姿勢が求められる。

　専門の医療機関による診断が確定されれば，その専門医の意見を参考にしながら，関係する機関や職員がその子に応じた対応方法や指導方法を検討し，その子自身がより快適に生活を送ることができるよう支援していくことが重要である。

　発達障がいのある子どもへの支援は，長期に継続されるべきものであるため，同一期間における連携だけではなく，保育所および幼稚園から小学校，小学校から中学校，中学校から高校といった時系列的にも連携をはかることが必要となる。さらには，大学および企業などでの支援も必要になってくるため，発達障害者支援センターなど継続してかかわってもらうことができる機関が中心的な役割を担うことも少なくない。

（3）連携の方法
1）要保護児童対策地域協議会（子どもを守る地域ネットワーク）

　いくつかの機関や専門職により，子どもを見守る具体的な連携の方法のひとつとして，要保護児童対策地域協議会がある。要保護児童対策地域協議会は，2004（平成16）年の児童福祉法の改正により，虐待を受けた児童などに対する市町村の体制強化を図るために設置が進められている。市町村，児童相談所，保育所，保健所，医療機関，教育委員会，学校，警察，弁護士会，民生・児童委員，民間団体などが構成員となり，要保護児童の適切な保護をはかることを目的として設置される。具体的には，個別の要保護児童に対する支援内容を検討していく個別ケース検討会議，定例的な情報交換や要保護児童の実態把握などを実務担当者で協議する実務者会議，実務者会議がよりスムーズに運営されるための環境整備を目的とした代表者会議などがある。

2　教育関係者との連携

（1）教員，特別支援教育コーディネーター，スクールソーシャルワーカーなど

　学校教育法により，学校とは幼稚園，小学校，中学校，高等学校，中等教育学校，特別支援学校，大学及び高等専門学校とされている。幼稚園を含む学校は子どもが多くの時間を過ごす場所であり，さまざまな表情をみることができる場所であるため，健康状態や家庭環境をはじめとする子どもに関する多くの情報を把握することができる。教員をはじめ特別支援教育コーディネーター，スクールソーシャルワーカーなど子どもとのかかわりをもつ専門職の配置が進

発達障がい

　発達期にさまざまな原因が作用して，中枢神経系に障がいが生じる結果，認知・運動・社会性などの機能の獲得が妨げられることである。具体的には知的障がい，広汎性発達障がい（自閉症など），特異性の発達障がい（学習障がい）などがあげられる。障がい種別は異なるものの，これらの間には対応や処遇，あるいは生活上の援助などで共通する部分も多い。また，明確な区別が行いにくい場合や，いくつかの障がいが重なり合っている場合もある。おのおのの個別性と共通性についての認識が大切である。

発達障害者支援センター

　発達障害者支援法第14条に基づき，全都道府県，指定都市に設置され，発達障がいの早期発見，早期の支援等を図るなど，発達障がいをもつ人やその家族に対する支援を総合的に行う。その支援内容は，発達支援および就労支援を中心とし，関係施設職員，小中学校，特別支援学校等の教職員等への情報提供および研修等の関係機関支援，児童相談所，保健所，医療機関，学校，ハローワーク等との連絡調整の実施がある。

んでおり、連携・協働を密に行うことが重要となる。

学校での児童・生徒とのかかわりは、いうまでもなく教員、とくに学級担任を中心に展開される。日本の学校では、各教科の指導にはじまり、進路指導、生活指導、部活動などあらゆる業務を教員が担当しており、子どもたちと密接なかかわりをもっている。また、特別支援教育コーディネーターは、2006年の学校教育法の一部改正に伴い開始された特別支援教育を支える仕組みのひとつとして導入された。校長からその力量のある教員が指名され、学校での家族等の相談の窓口となり学校内外の関係者および関係機関の連絡・調整役となる。

スクールソーシャルワーカーは、先駆的に兵庫県赤穂市や茨城県結城市、香川県などで導入されていたが、2008年(平成20年)4月より文部科学省の「スクールソーシャルワーカー活用事業」により全国的に導入が開始された。社会福祉士や精神保健福祉士など福祉に関する専門的な知識や技術をもった者が学校や教育委員会等に配置され、不登校や非行問題、発達障がいや貧困家庭などさまざまな児童の問題にかかわり、学校・家庭・地域の橋渡し役となり、子どもの最善の利益を考え、子どもの成長を支援する。

学校でみられるいじめや学級崩壊、不登校、校内暴力など、現代の問題について対応を考えるとき、その問題の背景には家庭や地域のことを把握したうえで子どもたちとかかわることが必要であり、学校の中だけで対応していくことは困難である。さまざまな関係機関が連携をしていくことはいうまでもないが、問題を抱えている学校は、地域との交流をはかり積極的に関係機関等に支援を求めていくことで、学校や教員の負担の軽減につなげていくことができる。

(2) 連携の実際
1) 不登校児童・生徒の支援における連携

小学校・中学校をあわせた不登校の児童・生徒数は、平成10年度以降毎年12万人を超えている(図表9-2)。不登校にいたる背景は、友人関係や教員など人間関係によるもの、家庭の養育環境が影響しているもの、精神疾患を抱える場合など多種多様である。それぞれのケースにあわせて、担任教員を中心に学校と福祉事務所、医療機関、児童相談所、児童家庭支援センター、発達障害者支援センターなどのさまざまな機関が連携をしながら支援を展開していくことが必要となる。また、文部科学省はさまざまな不登校児対策を展開しており、それらの事業の活用も有効な支援となる。

先に述べたとおり、不登校の問題は、いじめなどの友人関係や、担任教師との関係、家庭環境、学校教育システムとの関係など、周囲の環境との関係性により起こることが多く、その関係性の修復や改善がなされなければ問題の本質的な解決には至らない。しかし、問題の解決は一朝一夕にできることではなく、長期にわたることも少なくない。したがって、学校に

不登校児対策

不登校児とは学校において、いじめ、体罰、校則などの管理逃避・拒否のように自分の意志で行かない場合や、腹痛、嘔吐などの身体症状などの神経症的原因により学校に行けない子どものことをいう。その他、文部省(現文部科学省)が30日以上の長期欠席児童生徒を不登校児ととらえる場合もある。不登校児対策として1991年より「ひきこもり・不登校児福祉対策モデル事業」が実施され、児童相談所や児童養護施設、情緒障害児短期治療施設などの機能を活用したり、ふれあい心の友訪問援助事業、不登校児童宿泊等指導事業などの各種事業を展開している。

児童家庭支援センター

児童福祉施設14種の中のひとつで、児童福祉法第44条の2に定められている。「児童家庭支援センターは、地域の児童の福祉に関する各般の問題につき、児童・母子家庭その他の家庭・地域住民その他からの相談に応じ、必要な助言を行うとともに(中略)指導を行い、あわせて児童相談所、児童福祉施設等との連絡調整、その他厚生省令の定める援助を、総合的に行うことを目的とする施設とする」とうたわれ、よりきめ細やかな相談や助言を行う施設として、乳児院や母子生活支援施設、児童養護施設等に付置すると定められている。

図表 9－2 『平成 21 年度児童生徒の問題行動等生徒指導上の諸問題に関する調査』

小・中学校における不登校児童生徒の状況

不登校児童生徒数（30 日以上欠席者）

区分	小学校			中学校			計		
	（A）全児童数（人）	（B）不登校児童数（人）カッコ内（B/A×100）（％）	不登校児童数の増▲減率（％）	（A）全生徒数（人）	（B）不登校生徒数（人）カッコ内（B/A×100）（％）	不登校生徒数の増▲減率（％）	（A）全児童生徒数（人）	（B）不登校児童生徒数（人）カッコ内（B/A×100）（％）	不登校児童生徒数の増▲減率（％）
3 年度	9,157,429	12,645 (0.00)	—	5,188,314	54,172 (1.04)	—	14,345,743	66,817 (0.47)	—
4 年度	8,847,226	13,710 (0.15)	8.4	5,036,840	58,412 (1.16)	7.8	13,984,066	72,131 (0.52)	8.0
5 年度	8,768,881	14,769 (0.17)	7.7	4,850,137	60,039 (1.24)	2.6	13,619,018	74,808 (0.55)	3.7
6 年度	8,582,871	15,786 (0.18)	6.9	4,681,166	61,663 (1.32)	2.7	13,264,037	77,449 (0.58)	3.5
7 年度	8,370,246	16,569 (0.20)	5.0	4,570,390	65,022 (1.42)	5.4	12,940,636	81,591 (0.63)	5.3
8 年度	8,105,629	19,498 (0.24)	17.7	4,527,400	74,853 (1.65)	15.1	12,633,029	94,351 (0.75)	15.6
9 年度	7,855,387	20,765 (0.26)	6.5	4,481,480	84,701 (1.89)	13.2	12,336,867	105,466 (0.85)	11.8
10 年度	7,663,533	26,017 (0.34)	25.3	4,380,604	101,675 (2.32)	20.0	12,044,137	127,692 (1.06)	21.1
11 年度	7,500,317	26,047 (0.35)	0.1	4,243,762	104,180 (2.45)	2.5	11,744,079	130,227 (1.11)	2.0
12 年度	7,366,079	26,373 (0.36)	1.3	4,103,717	107,913 (2.63)	3.6	11,469,796	134,286 (1.17)	3.1
13 年度	7,296,920	26,511 (0.36)	0.5	3,993,911	112,211 (2.81)	4.0	11,288,831	138,722 (1.23)	3.3
14 年度	7,239,327	25,869 (0.36)	－2.4	3,862,849	105,383 (2.73)	－6.1	11,102,176	131,252 (1.18)	－5.4
15 年度	7,226,910	24,077 (0.33)	－6.9	3,748,319	102,149 (2.73)	－3.1	10,975,229	126,226 (1.15)	－3.8
16 年度	7,200,933	23,318 (0.32)	－3.2	3,663,513	100,040 (2.73)	－2.1	10,864,446	123,358 (1.14)	－2.3
17 年度	7,197,458	22,709 (0.32)	－2.6	3,626,415	99,578 (2.75)	－0.5	10,823,873	122,287 (1.13)	－0.9
18 年度	7,187,417	23,825 (0.33)	4.9	3,609,306	103,069 (2.86)	3.5	10,796,723	126,894 (1.18)	3.8
19 年度	7,132,874	23,927 (0.34)	0.4	3,624,113	105,328 (2.91)	2.2	10,756,987	129,255 (1.20)	1.9
20 年度	7,121,781	22,652 (0.32)	－5.3	3,603,220	104,153 (2.89)	－1.1	10,725,001	126,805 (1.18)	－1.9
21 年度	7,063,606	22,327 (0.32)	－1.4	3,612,747	100,105 (2.77)	－3.9	10,676,353	122,432 (1.15)	－3.4

注）調査対象：国公私立小・中学校（中学校には中等教育学校前期課程を含む）。
出所）文部科学省初等中等教育局児童生徒課「平成 21 年度児童生徒の問題行動等生徒指導上の諸問題に関する調査」

　登校していない期間の子ども自身や保護者の不安や焦りは相当なものになる。その期間の支援において，子どもたちを単に在籍する学校や教室へ戻すことだけを促すというかかわりではなく，さまざまな社会資源について，

言い換えれば学校へ行くこと以外の選択肢に関する情報提供などを行い，子どもたちの学ぶ機会や社会とのつながりをもてる機会を保障していくことも重要である。不登校児童・生徒の社会資源となりうる施設や制度，取り組みについて述べていく。

① 適応指導教室

　文部科学省によると，「不登校児童生徒等に対する指導を行うために，教育委員会が，教育センター等学校以外の場所や学校の余裕教室等において，学校生活へ復帰を支援するため，児童・生徒の在籍校と連携をとりつつ，個別カウンセリング，集団での指導，教科指導等を組織的計画的に行う組織として設置したもの」としている。各都道府県や市町村の教育委員会が設置をしている。

② フリースクール，フリースペース，居場所

　フリースクールやフリースペースおよび居場所に関しての明確な定義はない。不登校の子どもたちのために学校以外に活動できる場所，さまざまな人とふれあうことができる場所として提供されている。授業は強制せず，子どもたちの意見を活動に取り入れているところが多い。『フリースクール白書』（2004）によると，フリースクール等を運営する団体は，「個人」が38.3％，「任意団体」が25.8％，「ＮＰＯ法人」が23.3％，「有限あるいは株式会社等」が5.8％となっている。

③ メンタルフレンド（ふれあい心の友）

　児童相談所の行う「ふれあい心の友訪問援助事業」において不登校やひきこもり等支援が必要な子どもの家庭に対して，児童福祉司等の指導のもと大学生等を派遣し，当該児童とのふれあいを通じて，児童の福祉の向上を図ることを目的とする。

④ ホームエデュケーション（ホームスクール）

　家庭を拠点とした教育のあり方。各家庭において，子どもの興味・関心・ペース・感じ方などにあわせて，親が責任をもって学ぶ機会の保障を行う。

　スクールソーシャルワーカーやスクールカウンセラーなど不登校の子どもたちに深くかかわる援助者は，上記のようなさまざまな社会資源の情報をより多くもっておくことが求められ，その情報をもとに子ども自身や保護を追い詰めたり，あるいは子どもを追い込んでしまったりする子ども自身や保護者の不安の軽減につなげることができると考えられる。

2）貧困家庭における支援の連携

　昨今のわが国の経済状況は決して安心して生活できるものではなく，その影響が子どもにおよぶことも少なくない。2008（平成20）年度の要保護及び準要保護児童生徒数は144万人を超えており，10年前に比べて約1.7

2. 教育関係者との連携

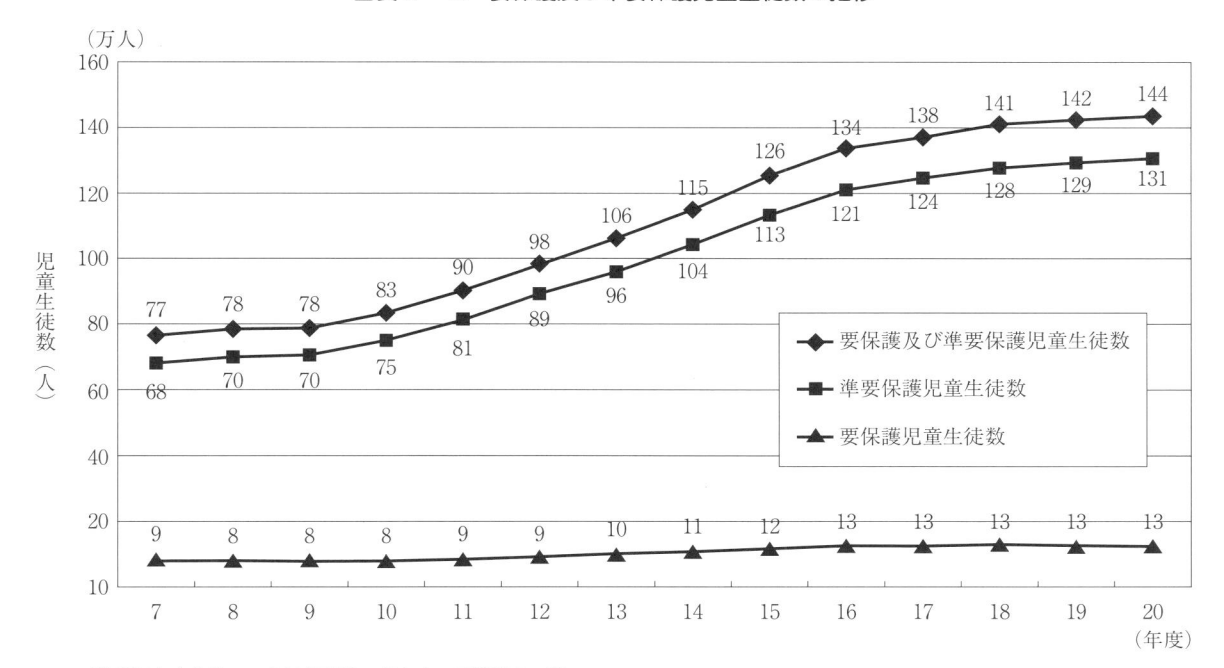

図表9－3　要保護及び準要保護児童生徒数の推移

（万人）

年度	要保護及び準要保護児童生徒数	準要保護児童生徒数	要保護児童生徒数
7	77	68	9
8	78	70	8
9	78	70	8
10	83	75	8
11	90	81	9
12	98	89	9
13	106	96	10
14	115	104	11
15	126	113	12
16	134	121	13
17	138	124	13
18	141	128	13
19	142	129	13
20	144	131	13

※　要保護児童生徒数……生活保護法に規定する要保護者の数
※　準要保護児童生徒数…要保護児童生徒に準ずるものとして，市町村教育委員会がそれぞれの基準に基づき認定した者の数
出所）文部科学省初等中等教育局財務課資料「学級編成及び教職員定数に関する資料」

倍になっている（図表9－3）。また，義務教育卒業後の高等教育課程では，授業料を支払うことができないことを理由に退学するという生徒も増加している。

　前述の不登校の児童・生徒に関しても，不登校の問題をきっかけにかかわり始めたところ，貧困という問題を抱えている家庭であるというケースがある。貧困家庭への支援は経済的支援，または就労支援が必要となってくるため，学校関係者だけでは対応が困難であり，福祉事務所，児童家庭支援センター，各都道府県および市町村社会福祉協議会，民生委員・児童委員，民間団体などへの連絡・調整が必要となってくる。

　また，緊急の場合に関しては子どもを児童相談所で一時保護を行うことが必要になる可能性もあり，その家庭の状況に応じた適切な関係機関や制度につなぐことが求められる。

　学校で貧困家庭への支援が必要になった時もスクールソーシャルワーカーは中心的な役割を担うことができ，上記の関係機関との連絡調整を行う。

(3) 連携の方法
1) ケースカンファレンス（個別支援ケース会議）

　　児童家庭福祉の実践に限らず，ソーシャルワーク実践においては，介護保険でのサービス担当者会議が義務づけられたように，その事例にかかわる人々によるケースカンファレンスの開催が不可欠である。

　　ケースカンファレンスとは，『現代社会福祉用語の基礎知識』では，「ケース記録に基づく事例報告・検討会議」であり，「とくに，施設福祉サービスなどひとりのクライエントに複数の援助者が関与するような場合，援助内容や援助家庭に関する共通認識が必要不可欠となる」としている。児童家庭福祉領域においては，さまざまな機関・組織がかかわりながら支援を展開することが多く，各関係機関および各専門職が事例に対する共通認識をもったうえで，子どもやその家庭に対するかかわり方をどのように行うかを役割分担し，効果的かつ包括的な支援を展開しなければならない。

　　岩間（1999）は，ケースカンファレンスの意義と展開過程について，以下のように述べている。

ケースカンファレンスの意義
① 事例を深める
② 実践を追体験する
③ 処遇を向上させる
④ 援助の原則を導く
⑤ 実践を評価する
⑥ 連携のための援助観や援助方針を形成する
⑦ 援助者を育てる
⑧ 組織を育てる

ケースカンファレンスの展開過程
① 開会
② 事例の提示
③ 事例の共有化
④ 論点の明確化
⑤ 論点の検討
⑥ まとめ
⑦ 閉会

　　ケースカンファレンスは，事例報告者の事例の提示から始まり，事例の共有化をはかりながら，今後の各専門職の支援方法，専門職間あるいは各関係機関間の連携・協働のあり方について検討をしていくことになる。ケースカンファレンスで役割分担の結果を参加者一人ひとりが正確に理解し，支援を展開していくことが援助対象者の問題解決につながる。

3　労働施策関係者との連携

(1) 就業支援機関

1) ハローワーク（公共職業安定所），マザーズハローワーク

　　ハローワークは，職業安定法に基づき職業紹介，職業指導等を行う行政機関である。一方，マザーズハローワークは子育てをしながら就職を希望している女性等に対して再就職に向けた総合的な支援が行われており，2006（平成18）年4月より設置が開始されている。

2) 母子家庭等就業・自立支援センター

　　「母子家庭等就業・自立支援事業実施要綱」に基づき，母子家庭等の家庭の状況，職業適性，就業経験等に応じ，適切な助言を行う就業相談の実施，就業に必要な知識や技能の習得を図るための就業支援講習，公共職業安定所等職業紹介機関と連携した就業情報の提供などの就業支援や養育費の取り決めなどの専門的な相談など継続的な生活指導を必要としている母子家庭の母等への総合的支援を行う。

3) 地域若者サポートステーション

　　厚生労働省では，2006（平成18）年度から地方公共団体の推薦に基づいて，NPO法人などの民間団体に委託し，若者（おおむね15歳から39歳）の職業的自立を促すため「地域若者サポートステーション事業」を行っている。地域若者サポートステーションでは，若者やその保護者に対して，個別・継続的な相談支援，職業体験，各種セミナーの開催など総合的な支援を行っている。

(2) 連携の実際

1) ひとり親家庭に対する支援の連携

　　労働関係者との連携が求められるケースに母子及び父子家庭のひとり親家庭に対する支援がある。とくに，母子家庭については賃金格差の問題や養育費の未払いなどがあり，経済的な不安定さは深刻な問題である。その改善に向けた母等の就業支援は重要な課題であり，母子生活支援施設などの母子福祉関係施設と上記のハローワーク，マザーズハローワーク，母子家庭等就業・自立支援センターと連携を図りながら，母子家庭の安定した生活を支えることが重要となる。

> **ひとり親家庭**
> 従来は，「片親家庭」や「欠損家庭」と表現されてきたが，近年両親が揃っている「ふたり」親の家庭に対置させ，中立的に表現するために「ひとり」親家庭もしくは「単親」家庭とされるようになった。ひとり親家庭の形態は母親と子どもからなる「母子家庭」および父親と子どもからなる「父子家庭」である。

参考文献
- 岩間伸之『事例を深める事例研究の方法―対人援助のためのケースカンファレンス』ミネルヴァ書房，1999年
- 日本学校ソーシャルワーク学会編『スクールソーシャルワーカー養成テキスト』中央法規，2008年

『子ども・家族の相談援助をするために―市町村児童家庭相談援助指針・児童相談所運営指針』日本児童福祉協会，2005年

成清美治・加納光子編『現代社会福祉用語の基礎知識（第9版）』学文社，2009年

子どもの虹情報研修センターホームページ（http://www.crc-japan.net/index.php）

プロムナード

ケースカンファレンス

実際に連携を進めていくうえで、連携の方法について検討をするケースカンファレンスがある。カンファレンスは、事例報告者が今までの援助について振り返り、事前に援助経過をまとめ、参加者に発表するところから始まる。

そして、カンファレンスのなかで参加者と事例を共有化しながら理解を深めていき、今後の援助方針について検討を行い、関係者の役割分担等を行うものである。事例報告者は、ケースカンファレンスのために資料を作成する時間を費やし、また、参加者も貴重な時間を費やして会議が行われる。この時間が有意義なものになるか否かは、参加者一人ひとりの資質や意識が問われ、そのカンファレンスの状況によっては、まったく意味のないものとなる場合もある。

たとえば、支援の役割分担が責任の押し付け合いになってしまったり、あるいは、事例報告者の今までのかかわり方に対する批判が始まってしまったりすると、雰囲気が悪くなるだけでなく、今後の方針を決めていく展開にはならず、集まった参加者は無駄な時間を過ごすことにもなりかねない。

ケースカンファレンスは、援助対象者（利用者）の利益になるような協議が行われるべきであり、中心的にかかわっている事例報告者が、明日からの支援に意欲をもって取り組めるような話し合いを行うことが重要となる。

そのためには、カンファレンスに参加したメンバー一人ひとりが、事例報告者への慰労の念と事例に対して真剣に取り組む姿勢が必要である。

学びを深めるために

岩間伸之『事例を深める事例研究の方法―対人援助のためのケースカンファレンス』ミネルヴァ書房，1999年

　対人援助実践において不可欠なケースカンファレンスについて、要素や展開方法を単に述べているだけでなく、ケースカンファレンスの方法の学びを通し、クライエントの側から事例を理解することの重要性、専門的援助のあり方を示している。

児童虐待の予防にむけて、子育てに自信を持てない保護者の孤立を防ぐことも重要となる。そのような保護者に向けての取り組みとして、地域におけるさまざまな関係者による連携・協働について、どのようなものがあるか具体的に考えてみよう。

福祉の仕事に関する案内書

大利一雄　『グループワーク―理論とその導き方―』勁草書房，2003年

門田光司　『学校ソーシャルワーク入門』中央法規，2002年

山下英三郎『相談援助―自らを問い・可能性を感じとる　子どもたちとの関わりを中心に　分かりやすいソーシャルワーク実践―』学苑社，2006年

第10章

児童相談所の役割と実際

> **児童相談所運営指針**
> 児童相談所の運営の羅針盤である。内容としては，①児童相談所の概要，②児童相談所の組織と職員，③相談，調査，診断，判定業務，④処遇，⑤一時保護，⑥事業に係る留意事項，⑦各種機関との連携，⑧児童相談所の設備，器具，必要書類というように業務，運営内容が記されている。

> **児童相談所**
> 児童福祉法に基づき都道府県および指定都市が設置する児童福祉サービスの中核となる相談・判定機関。児童相談所の業務は次のように大別できる。①児童福祉司，心理判定員，医師等が配置され，児童に関する各般の問題について家庭やその他機関からの相談に応じる，②児童およびその家庭について，医学的，心理学的，社会学的視点から調査・診断を実施し，その判定に基づいての指導を行う，③児童の一時保護などである。

ここでは，児童相談所運営指針[1]に基づいて，児童相談所の役割と実際について述べることとする。

1 児童相談所の設立の意義と目的

(1) 意　義

子どもへの虐待をはじめとする複雑で多様な問題は，それが深刻化する前に早期発見・早期対応を図る必要がある。地域における子どものくらし充実を図る児童相談所は，「児童虐待の防止等に関する法律」の施行を契機として，体制充実をもたらした。

しかし，深刻な子どもへの虐待事例が頻発している状況にあった。そのため，「児童虐待の防止等に関する法律の一部を改正する法律および児童福祉法の一部を改正する法律」が制定された。そこでは，子どもに対する虐待の定義の明確化，国および地方公共団体の責務等の強化，子ども虐待の通告義務の範囲拡大，子どもの安全確認および確保のための規定整備，子ども家庭相談に関する体制充実，児童福祉施設，里親等の見直し，要保護の子どもに関する司法関与の見直し等，子どもへの虐待防止対策をはじめとする要保護の子どもへの支援充実・強化が盛り込まれた。

それにより，児童相談所は，まず子ども家庭相談に応じる市町村に対して支援を行うこと，効果的な支援が期待できるソーシャルワーク技法の開発や確立が求められた。そして，医療，保健，法律その他の幅広い専門機関や職種との連携強化，司法関与の仕組みの有効活用等により，迅速で的確な対応を図ることが求められた。そして，親子の再統合促進への配慮その他の虐待を受けた子どもが良好な家庭的環境で生活するために必要な配慮のもと，子どものみならず保護者も含めた家庭支援に積極的に取り組むことが求められた。ここから，子どものくらし充実をもたらす役割を担う第一線の機関が児童相談所であるとわかる。

児童相談所は，子ども福祉の中核的専門機関として，市町村における要保護児童対策地域協議会の設置や運営を支援する等，関係機関等の連携に基づく地域支援活動の展開に向けて，市町村とともに中心的な役割を果たすのである。

(2) 目　的

児童相談所は，市町村と役割分担・連携を図りつつ，子どもに関する家庭その他からの相談に応じ，子どもが抱える問題またはニーズ，子どもの置かれた環境の状況等を的確にとらえ，個々の子どもや家庭に支援を行い，子どものくらし充実を図るとともに，その権利を擁護すること（以下「相談支援活動」という。）を目的として設立された機関である。これは，都道府県，指定都市およ

び児童相談所設置市に設置される行政機関である。

　ここでの相談支援活動は，すべての子どもが心身ともに健やかに育ち，その持てる力を最大限に発揮することができるよう子どもおよびその家庭等を支援することを目的とする。児童福祉法における子ども福祉の理念および育成責任の原理に基づいて支援がなされるのである。常に子どもの最善の利益を考慮し，支援活動が展開されるということである。

　児童相談所は，この目的を達成するために，基本的に次の3つの条件を満たしている必要がある。それは，① 子どものくらし充実に関する高い専門性を有している，② 地域住民に浸透した機関である，③ 子どものくらし充実に関する機関・施設等との連携が図られていること，である。児童相談所は，この理念に基づき，子どもの問題に対して一貫した相談支援活動を行う。そして，都道府県等の児童福祉主管部局とも連携しつつ，相談支援活動を総合的に企画し，これを実施していく。

2　児童相談所と市町村の組織体系

　子どもへの虐待相談等の急増とともに育児不安等を背景とした身近な子育て相談ニーズも増大した。それにより，子ども家庭相談が市町村業務として児童福祉法上で明確にされた。地域住民にとって身近な市町村は，虐待の未然防止・早期発見に向けての積極的な取り組みが求められた。市町村は，子どもおよび妊産婦のくらし充実のために，必要な実情の把握，情報の提供，家庭その他からの相談に応じて調査および指導を主として行うこととなったのである。これにより，児童相談所は，専門的な知識・技術を必要とする事例への対応や市町村の後方支援を重点的に行うように求められた。

　児童相談所は，子どもに関する家庭その他からの相談のうち，専門的な知識・技術を必要とするものに応ずること，および必要な調査ならびに医学的，心理学的，教育学的，社会学的および精神保健上の判定・指導，一時保護を行う。それに加えて，子どもや家庭の問題に対して共通の認識のもとに一体的な支援活動が行えるよう，市町村における要保護児童対策地域協議会の設置や運営の支援等，市町村とともに関係機関のネットワーク化も推進するようになる。

　以上のことから，児童相談所と市町村の組織体系は図表10－1のようにあらわすことができる。

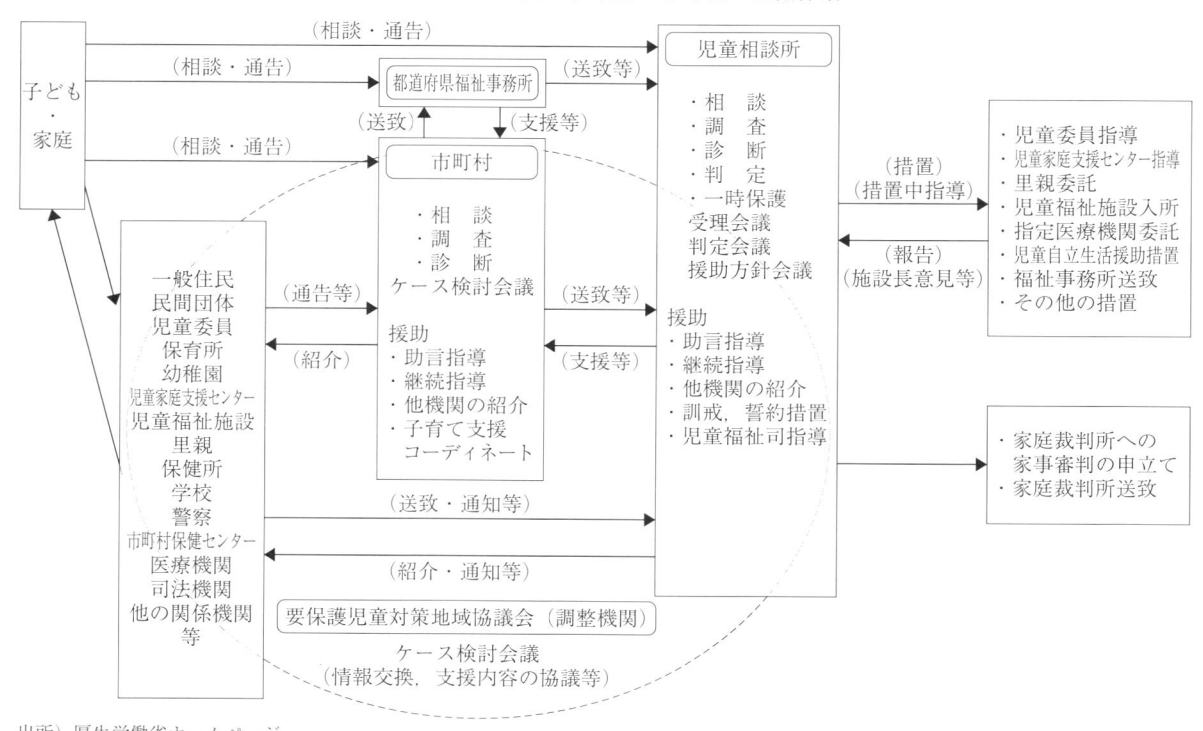

第10章 児童相談所の役割と実際

図表10－1　児童相談所と市町村の組織体系

[組織体系図：子ども・家庭、都道府県福祉事務所、市町村、児童相談所、一般住民・民間団体・児童委員・保育所・幼稚園・児童家庭支援センター・児童福祉施設・里親・保健所・学校・警察・市町村保健センター・医療機関・司法機関・他の関係機関等、要保護児童対策地域協議会（調整機関）ケース検討会議（情報交換、支援内容の協議等）の関係を示す図]

児童相談所の機能：相談、調査、診断、判定、一時保護、受理会議、判定会議、援助方針会議

児童相談所の援助：助言指導、継続指導、他機関の紹介、訓戒、誓約措置、児童福祉司指導

（措置）（措置中指導）：児童委員指導、児童家庭支援センター指導、里親委託、児童福祉施設入所、指定医療機関委託、児童自立生活援助措置、福祉事務所送致、その他の措置

家庭裁判所への家事審判の申立て、家庭裁判所送致

市町村：相談、調査、診断、ケース検討会議、援助（助言指導、継続指導、他機関の紹介、子育て支援コーディネート）

出所）厚生労働省ホームページ

3　児童相談所と市町村の連携

　児童相談所は、判定、支援方針を作成する専門機関であると同時に、子どもの問題解決のために多様なサービスを調整し、家庭や地域に対する子どもの養育を支援する役割を果たしていく。このため、地域にある各種相談機関、施設等の実情について把握する等、円滑な連携を図るための体制整備に努めている。特に、子どもや家庭が抱える問題に対して数多くの関係機関が整備されてきている現状では、各機関による共通認識のもとで一体的な支援活動ができるように調整している。児童相談所が連携を図るべき主な施設・機関は図表10－2のとおりである。

　このうち、市町村との連携は、まず、1歳6か月児および3歳児にかかわる精神発達面における精密健康診査およびこれらの事後指導を行う場合である。次に、保育の実施が必要な場合である。なお、市町村は、保育所を利用する子どもを選考する場合には、子どもへの虐待防止に寄与するため、特別の支援を要する家庭のくらし充実に配慮をしなければならない。第3に、市町村が障がい児保育事業または障がい児通園事業（障がい児デイサービス事業）を行う場合である。第4に、子どもを養育している家庭の保護者が疾病等の社会的事由や仕事の事由等によって家庭における子どもの養育が一時的に困難となった時

> **児童デイサービス事業**
> 障害のある幼児や学齢児を対象として、日常生活の基本動作訓練、集団生活への適応訓練を行うことを目的とした事業。市町村が実施することになっているが困難な場合は複数の市町村で実施することが可能である。2003（平成15）年に支援費制度の中に位置づけられていたが、2006（平成18）年には、障害者自立支援法に位置づけられるようになった。

図表 10 − 2　児童相談所が連携をとるべき機関と主な連携事項

関係機関	主な連携事項
(1)市町村	相互の協力，通報等。 児童相談所に対して，児童福祉法第 27 条の措置を要する子ども，判定を要する子どもの送致。 保育の実施を要する子どもの通知。 1 歳 6 か月児及び 3 歳児にかかわる精神発達面における精密健康診査及び事後指導，障がい児保育，心身障がい児通園事業等。 子どもの福祉に関する企画・広報等。
(2)福祉事務所 　（家庭児童相談室）	児童相談所から調査の委嘱，指導措置のための送致，福祉事務所の措置を要する子どもの報告，通知。 児童相談所に対して，同法第 27 条の措置を要する子ども，判定を要する子どもの送致。 その他子どもの福祉に関する企画・広報，子ども家庭に関する相談，指導等。
(3)保健所 　市町村保健センター	児童相談所から一時保護・施設入所前の健康診断。 保健，栄養上の指導の依頼。 在宅重症心身障がい児（者）等訪問指導，その他子ども福祉に関する企画・広報。
(4)児童委員	児童相談所から調査の委嘱，指導措置。 児童委員から要保護の子どもの通告，その他の協力。
(5)児童家庭支援センター	指導措置。 児童家庭支援センターから要保護児童の通告。
(6)知的障がい者更生相談所 　身体障がい者更生相談所 　発達障がい者支援センター	知的障がい者，身体障がい者の判定（療育手帳，15 歳以上 18 歳未満の子どもの施設入所のための判定等）。 発達障がい者に係る専門的な相談，助言，発達支援，就労支援等。
(7)児童福祉施設等，里親	子どもの措置，措置中の相談援助活動，報告。 措置の解除，停止，変更，在所期間延長に関する事項。 退所した子どもの指導に関する事項。 母子生活支援施設入所措置，児童自立生活支援措置に関する事項。
(8)保育所	保育の実施に関する事項。
(9)家庭裁判所	児童相談所から送致，家事審判の申立て。 家庭裁判所から送致，調査嘱託，支援・協力依頼。
(10)学校，教育委員会	通告，相談，合同巡回相談，就学指導委員会。
(11)警察	触法少年，ぐ犯少年の通告，棄児，被虐待児等要保護の子どもの通告。 委託一時保護，少年補導，非行防止活動等。
(12)医療機関	医学的治療の依頼，被虐待児の通告等。
(13)婦人相談所	性非行を伴う女子の子ども等。
(14)配偶者暴力相談支援センター	子どもへの虐待にかかわる通告。 配偶者からの暴力の被害者の同伴子ども等の一時保護。
(15)民間団体	個別のケースにおける見守り的な支援等（地域の実情に応じた柔軟で多様な連携を図る）。
(16)その他連携を保つべき機関 　公共職業安定所 　地域障がい者職業センター 　精神保健福祉センター 　社会福祉協議会	子どもの就職等。 知的障がい児（者）の判定等。 思春期精神保健に関すること等。 子どもの福祉を目的とする各種の事業に関する連絡・調整等。
その他少年鑑別所，少年サポートセンター，保護観察所，保護司，人権擁護委員，弁護士，いのちの電話，民間虐待防止団体，ボランティア団体，地域子ども会，母親クラブ等との連携。	

出所）厚生労働省ホームページに基づいて作成

等における子育て支援短期利用事業の活用の場合である。第5に棄児を受理した時に，必要に応じ新たに戸籍を作成する場合である。第6に，巡回相談，子どものくらし充実に関する企画，広報等を行う場合等である。

4 児童相談所の活動の実際

(1) 相談の受付

児童相談所は，子どもに関する家庭その他からの相談のうち，専門的な知識・技術を要するものに応ずる。また，専門的な知識・技術等を必要とする相談について，市町村から児童相談所の技術的支援や助言等を求められた場合，必要な措置を講ずる。つまり，児童相談所は，地域住民や関係機関から直接通告を受けて，あるいは通告を受けた市町村や都道府県の設置する福祉事務所から送致を受けて支援活動を展開する。

(2) 相談支援活動の展開

児童相談所は，受けつけた相談について主に児童福祉司，相談員等により行われる調査に基づく社会診断，児童心理司等による心理診断，医師による医学診断，一時保護部門の児童指導員，保育士等による行動診断，その他の診断（理学療法士等によるもの等）をもとに，原則としてこれらの者の協議により判定を行い，個々の子どもに対する支援方針を作成する。児童相談所は，この業務を遂行するため，原則として総務部門，相談・判定・指導・措置部門，一時保護部門の三部門制をとり，各専門職から成る受理会議，判定会議，支援方針会議において子ども・保護者等の支援について検討し，さらに検証していく作業を行う。児童相談所における相談支援体系は図表10－3のとおりである。

(3) 相談の種類とその対応

相談の種類は子どものくらし充実に関するものである。大きくは養護相談，障がい相談，非行相談，育成相談，その他の相談が含まれる（図表10－4）。ここでは，それぞれの相談に対する児童相談所の対応を述べることとする。

1) 養護相談

保護者のいない場合，棄児の場合，離婚の場合，両親の病気の場合，虐待・放任の場合等，子どもの養育環境上の問題はさまざまである。児童相談所では，それぞれの相談に応じて判断し，対応がなされる。特に，虐待の場合には，地域の関係機関から構成し，子どもやその保護者に関する情報交換や支援内容の協議を行う要保護児童対策地域協議会の市町村における設置や運営を支援する。それにより，虐待の予防・早期発見から虐待を受けた子どもの保護・自立支援

児童福祉司（child welfare officer）

児童福祉法第13条に規定され，児童相談所に配置される専門職員である。職務内容は「児童相談所長の命をうけて，児童の保護その他児童の福祉に関する事項について，相談に応じ，専門技術に基づいて必要な指導を行う」とされる。担当区域は人口10～13万人に1名配置するよう規定されており，その任用資格は，①厚生労働大臣指定の養成学校の卒業者または厚生労働大臣指定の講習会課程修了者，②大学などで心理学，教育学，社会学を修めて卒業した者，③医師，④社会福祉主事として2年以上児童福祉事業に従事した者，⑤前記①～④に準ずる者で学識経験者となっている。

図表10－3　児童相談所における相談支援活動の体系

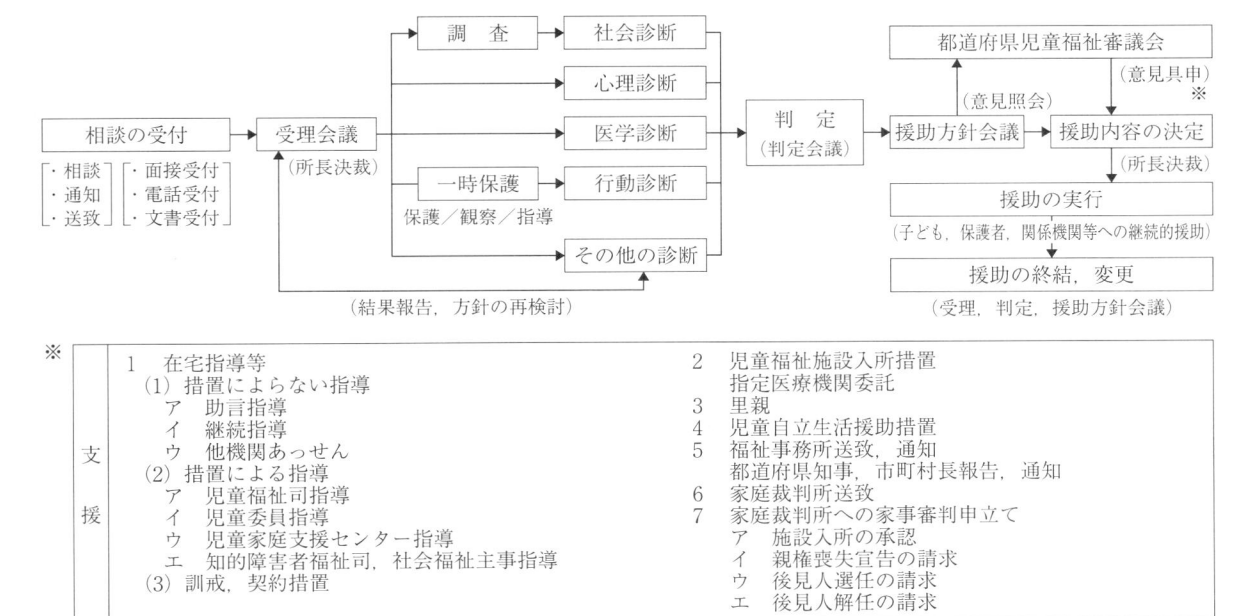

```
相談の受付 → 受理会議 → 調査 → 社会診断 ─┐
・相談      ・面接受付  (所長決裁)  心理診断  │
・通知      ・電話受付         医学診断  ├→ 判定      → 援助方針会議 → 援助内容の決定
・送致      ・文書受付  一時保護 行動診断  │  (判定会議)     ↑↓(意見照会)    (所長決裁)※
                    保護/観察/指導        │           都道府県児童福祉審議会(意見具申)
                          その他の診断 ─┘           
                                                → 援助の実行
                                              (子ども,保護者,関係機関等への継続的援助)
                                                → 援助の終結,変更
                                              (受理,判定,援助方針会議)
(結果報告,方針の再検討)
```

支援		
※	1　在宅指導等 　(1) 措置によらない指導 　　ア　助言指導 　　イ　継続指導 　　ウ　他機関あっせん 　(2) 措置による指導 　　ア　児童福祉司指導 　　イ　児童委員指導 　　ウ　児童家庭支援センター指導 　　エ　知的障害者福祉司,社会福祉主事指導 　(3) 訓戒,契約措置	2　児童福祉施設入所措置 　　指定医療機関委託 3　里親 4　児童自立生活援助措置 5　福祉事務所送致,通知 　　都道府県知事,市町村長報告,通知 6　家庭裁判所送致 7　家庭裁判所への家事審判申立て 　　ア　施設入所の承認 　　イ　親権喪失宣告の請求 　　ウ　後見人選任の請求 　　エ　後見人解任の請求

出所）厚生労働省ホームページに基づいて作成

図表10－4　児童相談所が受けつける相談の種類および主な内容

養護相談	1．養護相談	父または母等保護者の家出，失踪，死亡，離婚，入院，稼働および服役等による養育困難児，棄児，迷子，虐待を受けた子ども，親権を喪失した親の子，後見人を持たぬ子ども等環境的問題を有する子ども，養子縁組に関する相談。
保健相談	2．保健相談	未熟児，虚弱児，内部機能障がい，小児喘息，その他の疾患（精神疾患を含む）等のある子どもに関する相談
障がい相談	3．肢体不自由相談	肢体不自由児，運動発達の遅れに関する相談。
	4．視聴覚障がい相談	盲（弱視を含む），ろう（難聴を含む）等視聴覚障がい児に関する相談。
	5．言語発達障がい等相談	構音障がい，吃音，失語等音声や言語の機能障がいのある子ども，言語発達遅滞，学習障がいや注意欠陥多動性障がい等発達障がいのある子ども等に関する相談。ことばの遅れの原因が知的障がい，自閉症，しつけ上の問題等他の相談種別に分類される場合はそれぞれのところに入れる。
	6．重症心身障がい相談	重症心身障がい児（者）に関する相談。
	7．知的障がい相談	知的障がい児に関する相談。
	8．自閉症等相談	自閉症若しくは自閉症同様の症状を呈する子どもに関する相談。
非行相談	9．ぐ犯等相談	虚言癖，浪費癖，家出，浮浪，乱暴，性的逸脱等のぐ犯行為若しくは飲酒，喫煙等の問題行動のある子ども，警察署からぐ犯少年として通告のあった子ども，または触法行為があったと思料されても警察署から同法第25条による通告のない子どもに関する相談。
	10．触法行為等相談	触法行為があったとして警察署から同法第25条による通告のあった子ども，犯罪少年に関して家庭裁判所から送致のあった子どもに関する相談。受け付けた時には通告がなくとも調査の結果，通告が予定されている子どもに関する相談についてもこれに該当する。
育成相談	11．性格行動相談	子どもの人格の発達上問題となる反抗，友達と遊べない，落ち着きがない，内気，緘黙，不活発，家庭内暴力，生活習慣の著しい逸脱等性格もしくは行動上の問題のある子どもに関する相談。
	12．不登校相談	学校及び幼稚園並びに保育所に在籍中で，登校（園）していない状態にある子どもに関する相談。非行や精神疾患，養護問題が主である場合等にはそれぞれのところに分類する。
	13．適性相談	進学適性，職業適性，学業不振等に関する相談。
	14．育児・しつけ相談	家庭内における幼児のしつけ，子どもの性教育，遊び等に関する相談。
	15．その他の相談	1～14のいずれにも該当しない相談。

出所）厚生労働省ホームページに基づいて作成

2）障がい相談

　障がいに関する相談では，生育歴，周産期の状況，家族歴，身体の状況，精神発達の状況や情緒の状態，保護者や子どもの所属する集団の状況等について調査・診断・判定をし，必要な支援に結びつける。その中で，専門的な医学的治療が必要な場合には，医療機関等にあっせんするとともに，その後においても相互の連携に留意する。また，子どものみならず，子どもを含む家族全体および子どもの所属集団に対する相談支援もあわせて考える。

3）非行相談

　非行に関する相談では，通告等がありながらも，子ども・保護者等に相談を受ける動機づけが十分でないものもあるため，高度のソーシャルワーク技術を駆使する。学校等所属集団からの相談や通告については，所属集団との連携を図り，相互の役割分担を明確にするとともに，子どもの最善の利益の確保ならびに子どもの意向，保護者等の意思に配慮する。また，その子どもを含む集団全体を対象とし，関係機関との連携にも留意する。触法行為にかかるものも含め非行少年に関する通告を受けた場合には，子ども福祉の観点から必要な調査を行う。

4）育成相談

　育成相談については，子どもの生育歴，性格や欲求の状態，親子関係や近隣，所属集団等との関係について調査・診断・判定をする。そして，担当教師，施設職員等関係者との適切な連携による支援を必要とする場合には，相互理解を深めるよう留意する。継続的な支援が必要な場合には，子ども・保護者等に対し，問題解決に対する動機づけを行い，ソーシャルワーク，カウンセリング，心理療法等の技法による支援を行う。なお，不登校に関する相談は，保護者が子どもの態様に応じた適切な監護を行っているかまたはそれを期待できるか，特に次のような場合に該当していないかどうかに留意しつつ，学校や教育委員会等の関係機関と連携を図りつつ対応する。

　次のような場合とは，家庭内暴力や自殺企図，強度の摂食障がい等，自身を傷つけまたは他人に害をおよぼすおそれがあり，保護者により適切な対応がなされていない場合，子どもが保護者から虐待等を受けているか，受けているおそれのある場合である。

ソーシャルワーク（social work）

社会福祉の実践活動のことであり，さまざまな専門的社会福祉援助の全体をさす。その多くが19世紀のイギリスの慈善活動に萌芽をみることができるが，その後アメリカで理論化され，近接科学の理論や視点を取り入れつつ発展した。歴史的にケースワーク，グループワーク，コミュニティワークなどいくつかの方法が存在し，それぞれが固有の発展，展開をみせたが，今日では総合的な支援を図るための統合化がすすんでいる。福祉関係の相談機関のみならず，施設ソーシャルワーク，医療ソーシャルワーク，精神科ソーシャルワーク，学校ソーシャルワークなど多様な実践領域がある。

5）その他の相談

　児童相談所は，里親希望に関する相談，夫婦関係等についての相談等のいずれにも含まれない相談を受ける場合がある。その時も，相談に来所した人の気持ちを理解したうえで対応する。また，児童相談所の役割を超えるものや保健所等関係機関での支援が子ども・保護者等の福祉向上につながると考えられるものについては，適切な機関にあっせんする。

注）
1) 児童相談所運営指針の全文については，厚生労働省のホームページを参照されたい。

参考文献
　竹谷志保子「発達が気になる子どもへの保育支援　―ADHD・LD・自閉症児の理解と関わり方―」『月刊保育情報』338，2005年，pp.2-10

プロムナード

　子どもたちが充実したくらしをするためには，環境調整が必要です。このことについて，「発達支援センター　うめだ・あけぼの園」の竹谷志保子先生は，自閉症の子どもに対しては，「いつ」，「だれが」「だれと」，「何を」，「どれだけする」ということをわかるように伝える必要があると述べています。あらかじめ，予定を伝えるということです。
　たとえば，次に何を行うのかわからない場合があるとします。それは，大人であっても不安なことであるのに，子どもの場合，特に発達障がいのある子どもの場合はさらに不安です。何をすればよいのかわからず，課題に参加することができないことも生じてしまいます。発達障がいのある子どもは時間の流れや活動手順を予測することが苦手です。予定が急に変わると抵抗をしめし，課題にとりくむことが難しくなります。視覚的な手がかりを使うことで時間の感覚をつかむことができるようにする必要があります。一日の予定や次に行うことをみせていくとその活動に取り組むことができるようになります。たとえば，トイレに行く手順，手洗いの手順をしめす，一日の予定を写真や絵等を用いてあらわしておく等です。予測をすることができれば課題をこなすことができるようになります。
　支援者のこのような配慮が子どもと彼らをとりまく環境との関係充実をもたらすことにつながります。支援者は，保護者には子育てが楽しい，わが子がかわいいという実感を得られるようにしていくことで，保護者と何でもいい合うことのできる関係ができるようになります。このような関係ができますと，気になる点をすぐに伝えることができます。このことは，子どものくらし充実をもたらすための子育て支援へとつながるのではないでしょうか。

学びを深めるために

中野敏子ほか編『誰のため何のためこうしてみようあなたの支援―ふりかえる・しっかり考える・進む』大揚社，2009年
　子どものくらし充実をもたらすための支援に必要なアセスメントの重要性を伝えてくれる一冊です。

子ども本位の支援のあり方について考えてみよう。

福祉の仕事に関する案内書

牧里毎治・山野則子『児童福祉の地域ネットワーク』相川書房，2009年

索　引

あ行

ADHD　122
アイデンティティ　9
赤沢鐘美　40
アスペルガー症候群　59, 122
アメリカ児童憲章　5
育児・介護休業法　59
育成相談　150
石井亮一　44
糸賀一雄　45
ウェルビーイング　2
ウェルフェア　2
M型就労　14
エリクソン　8
近江学園　44

か行

額改定認定請求書　64
格差社会　13
家事事件　114
柏学園　44
柏倉松蔵　44
家庭裁判所　62
　　――調査官　116
家庭支援専門員　91
家庭支援専門相談員　124
家庭的保育事業　71
救護法　48
緊急保育対策5か年事業　12
ケイ, E.　3
ケースカンファレンス（個別支援ケース会議）139
言語聴覚士　128
ケンプ　27
合計特殊出生率　22
高校授業料無償化　53
国立秩父学園　45
国連子ども特別総会　7
孤女学院　44
子ども家庭センター　60
子ども・子育て応援プラン　41
子ども手当て　4, 52
子どもの生存，保護及び発達に関する世界宣言　16
子どもの生存，保護，発達に関する世界宣言　6
子どものための世界サミット　6
子ども・若者育成支援推進法　34
この子らを世の光に　45
今後の子育て支援のための施策の方向性について（エンゼルプラン）　12

さ行

最悪の形態の児童労働の禁止及び撤廃のための即時の行動に関する条約（ILO第182号条約）　15
作業療法士　128
里親委託　124
里親制度　41
支援費支給制度　79
私塾新潟専修学校の託児所　40
次世代育成支援対策推進法　15
次世代育成支援対策交付金　78
肢体不自由児施設　69
　　――支援　46
市町村児童家庭相談援助指針　106
しつけ　86
指定管理者制度　118
児童虐待防止等に関する法律改正　10
児童買春禁止法　58
児童買春，児童ポルノに係わる行為等の処罰及び児童保護者に関する法律　15
児童家庭支援センター　62, 69, 136
児童虐待の防止等に関する法律及び児童福祉法の一部を改正する法律　10
児童虐待防止協会　16
児童虐待防止法　10
児童居宅介護事業　45
児童憲章　4
児童厚生施設　49, 69
児童指導員　60
児童自立支援施設　69
児童自立生活援助事業　70
児童相談所　60, 144
児童相談所運営指針　134, 144
児童短期入所事業　45
児童手当法　4, 11
児童デイサービス事業　45, 146
児童の権利に関する条約　2, 6, 15
児童の権利に関するジュネーブ宣言　5
児童福祉最低基準　63
児童福祉司　56, 148
児童福祉法　9-1
児童福祉法等の一部を改正する法律　4
児童扶養手当法　4, 11
児童扶養手当制度　47
児童保護措置費　63
児童保護費等負担金　79
児童養護施設　69
就業支援機関　9-10
重症心身障害児施設　69
　　――支援　46
重点的に推進すべき少子化対策の具体的実施計画について（新エンゼルプラン）　12
主任児童委員　63, 129
障害児施設給付金　79
障害者施設支援　45
障害児自立支援法　45
障がい相談　10-8
小規模住居型児童養育事業　42, 71
少子化社会対策大綱　12, 23
少子化対策プラスワン　12

索引

情緒障害児短期治療施設　46, 69
少年審判　114
少年法　58
助産施設　69
親権　40
人口置換水準　22
人事訴訟事件　114
親族里親　41
身体的虐待　10
心理的虐待　10
健やか親子　51
ストリート・チルドレン　14
整肢療護園　44
精神保健福祉センター　133
性的虐待　10
世界人権宣言　6
全国児童虐待防止協会　16
専門里親　41
相談所運営指針　60
ソーシャルワーク　150

た行

待機児童　117
高木憲次　44
短期里親　41
地域子育て支援拠点事業　34
地域若者サポートステーション　141
知的障害児施設　69
　　――支援　46
　　――滝乃川学園　44
知的障害児通園施設　69
　　――支援　46
特別児童扶養手当法　11
特別児童扶養手当等の支給に関する法律　56
ドメスティック・バイオレンス（DV）　11, 58

な行

乳児院　69
乳児家庭全戸訪問事業　71
認定請求書　64
野口幽香　40

は行

バーナード　16
配偶者からの暴力の防止及び被害者の保護に関する法律（DV防止法）　15
発達障がい　135
発達障害者支援センター　135
発達障害者支援法および障害者自立支援法　59
ハローワーク　140
非行相談　10-8
日田養育館　40

ひとり親家庭　141
びわ湖学園　44
フーバー　5
福祉事務所　61
双葉幼稚園　40
不登校児対策　9-6
フレーベル　2
ペスタロッチ　2
保育士　122
保育所　69
保育所運営費負担金　79
保育所保育指針　117
放課後児童健全育成事業　49, 56, 70
保健所　62
保健所・市町村保健センター　132
母子及び寡婦福祉法　11, 57
母子家庭等就業・自立支援センター　141
母子健康法　4
母子生活支援施設　69
母子相談員　48
母子福祉資金の貸し付けに関する法律　47
母子福祉資金の貸し付け　47
母子保健　132
母子保健法　11, 49, 132
母子保護法　48
ホワイトハウス会議　5

ま行

マザーズハローワーク　140
マルトリートメント　30
民生委員　129
民生委員・児童委員　134
民放822条「懲戒権」　86
盲ろうあ児施設支援　46
盲ろうあ児施設　69
森島峰　40

や行

養育支援訪問事業　71
養育の放棄（ネグレクト）　10
養子縁組み　41
幼児の健康診査　107
幼保一元化　125
要養護児童　40

ら行

理学療法士　128
ルーズベルト　5
ルソー　2

わ行

ワーク・ライフ・バランス　82

[編著者紹介]

成清美治（なりきよよしはる）
兵庫県生まれ
1985年　龍谷大学大学院文学研究科修士課程修了
現　職　神戸親和女子大学教授（社会福祉学博士）
主　著　『私たちの社会福祉法』（共著）法律文化　2001
　　　　『新版 社会福祉』（共編著）学文社　2005
　　　　『長寿社会を拓く』（共著）ミネルヴァ書房　2006
　　　　『現代社会と福祉』（共編著）学文社　2009
　　　　『保健医療サービス』（共編著）学文社　2009
　　　　『ケアワーク入門』（単著）学文社　2009
　　　　『相談援助の基盤と専門職』（共編著）学文社　2010
　　　　『低所得者に対する支援と生活保護制度』（共編著）　2010
　　　　　　　　　　　　　　　　　　　　　　　　他多数

吉弘淳一（よしひろじゅんいち）
大阪府生まれ
1995年　三重大学大学院教育学研究科修士課程修了
1998年　龍谷大学大学院社会学研究科修士課程修了
2004年　京都学園大学大学院人間文化研究科臨床心理学修士課程退学
現　職　福井県立大学准教授
主　著　『保育ソーシャルカウンセリング』（編著）建帛社　2006
　　　　『援助を求めないクライエントへの対応』（共訳）明石書店　2007
　　　　『子どもと保護者への効果的な「声かけ・応答」』（編著）金芳堂　2008

イントロダクション シリーズ 6
児童や家庭に対する支援と児童・家庭福祉制度

2011年3月15日　第1版第1刷発行

編著者　成　清　美　治
　　　　吉　弘　淳　一
発行者　田　中　千津子
発行所　㈱　学　文　社

郵便番号　153-0064　東京都目黒区下目黒3-6-1
電話（03）3715-1501（代表）振替　00130-9-98842
http://www.gakubunsha.com

乱丁・落丁本は，本社にてお取替致します。　印刷／新灯印刷株式会社
定価は，カバー，売上カードに表示してあります。〈検印省略〉
© 2011 NARIKIYO Yoshiharu and YOSHIHIRO Junichi Printed in Japan
ISBN 978-4-7620-1935-7